La chinchilla

Vittorio Capello

LA CHINCHILLA

dve
PUBLISHING

A pesar de haber puesto el máximo cuidado en la redacción de esta obra, el autor o el editor no pueden en modo alguno responsabilizarse por las informaciones (fórmulas, recetas, técnicas, etc.) vertidas en el texto. Se aconseja, en el caso de problemas específicos —a menudo únicos— de cada lector en particular, que se consulte con una persona cualificada para obtener las informaciones más completas, más exactas y lo más actualizadas posible. EDITORIAL DE VECCHI, S. A. U.

Índice

Introducción

En el transcurso de los últimos años, se ha experimentado un aumento del interés de la gente por los animales de compañía; esto se manifiesta en una mayor aceptación de las especies domésticas tradicionales, así como en un incremento del interés y la afición por otras muchas especies de animales a menudo definidos impropiamente como exóticos, entre los que figuran los pequeños roedores.

Además de los ya conocidos conejos enanos, hámster, cobayas, jerbos y ardillas, una nueva especie se está proponiendo como animal de compañía: la chinchilla. Conocida y criada desde hace muchos años por su espléndida piel, la chinchilla es un animal manso y simpático que reúne todas las características que requiere una mascota para poder vivir en un piso.

En este libro se tratarán todos los aspectos relacionados con la chinchilla como animal de compañía. Por lo tanto, dejaremos de lado de forma expresa todas las referencias a la cría intensiva y a la producción de pieles. Quien tenga ocasión de comprobar la simpatía de este precioso animal, tomará las debidas distancias de una práctica que mucha gente considera cruel, anacrónica y, por si fuera poco, gravosa para el criador.

Gracias a la previsión de algunos criadores que han orientado sus producciones a fines más nobles, actualmente la chinchilla puede desempeñar el papel de animal de compañía.

Esta obra está dedicada a todas aquellas personas que aman los animales y que están dispuestas a entregarles parte de su tiempo, con una paciencia y un empeño que se verán ampliamente recompensados.

Generalidades

La chinchilla, aunque exteriormente presenta un cierto parecido con el conejo (en particular con el de raza enana), está incluida en otro orden zoológico: pertenece al orden de los roedores, mientras que el conejo y la liebre pertenecen al orden de los lagomorfos.

Dentro de los mamíferos placentarios, el orden de los roedores constituye el grupo sistemático más amplio, puesto que comprende 3 subórdenes, 32 familias, 352 géneros y más de 1.700 especies.

Los orígenes

Los roedores, al igual que toda la clase de los mamíferos a la que pertenecen, son animales muy jóvenes desde el punto de vista evolutivo.

Su aparición se remonta a hace cincuenta o sesenta millones de años, más concretamente al periodo del Paleoceno de la era Cenozoica o Terciaria (llamada también *era de los mamíferos*, precisamente porque en dicho periodo esta clase alcanzó el punto máximo de expansión).

En realidad, en el periodo Jurásico Medio de la era Mesozoica o Secundaria ya existían algunos precursores (hace unos 200 millones de años), que fueron denominados tritilodontes y que, pese a tener dientes parecidos a los de los roedores, están clasificados como reptiles. En la última etapa del Jurásico y durante el Cretácico (periodos de la era Mesozoica), al mismo tiempo que aparecían los mamíferos, los tritilodontes evolucionaron a multituberculados (que se extinguieron en el Eoceno, hace unos cincuenta millones de años), y estos fueron los verdaderos progenitores del orden de los roedores.

Clasificación zoológica de la chinchilla

Existen diversas clasificaciones del orden de los roedores, establecidas por paleontólogos y anatomistas. La más simple es la que se basa en las diferencias anatómicas del músculo masetero (que sirve para masticar), según la cual hay tres subórdenes:

• **esciúridos** (aspecto muy parecido a la ardilla; más de 350 especies): *ardilla* y todas las especies con características externas similares, como la *marmota*, el *castor* y el *ratón canguro*;
• **miomorfos** (aspecto parecido al ratón; casi 1.200 especies): roedores con morfología parecida al ratón y a las *ratas comunes*, cuyas especies más conocidas son: *ratón, rata, hámster, jerbo, lirón* y *lemming*;

• **histricomorfos** (aspecto parecido al puerco espín y al cobaya; unas 180 especies): *puerco espín* y *cobaya*, así como todas las especies que presentan un aspecto externo similar, incluida la *chinchilla*.

Hábitat natural

La chinchilla es originaria de América del Sur (*Chinchilla laniger*, de la cordillera de los Andes; *Chinchilla brevicaudata*, de Bolivia), y en general se distribuye siguiendo el sistema montañoso del territorio.

En estado salvaje vive incluso a 5.000 metros de altitud en Chile, Argentina, Perú y Bolivia. Su hábitat está constituido por las montañas y las altiplanicies en donde la oscilación térmica (diferencia entre el valor máximo y el valor mínimo de la temperatura diaria) supera los 40 C. Efectivamente, la temperatura pasa de los −10 C de la noche a los +30 C del día, pero la espesa piel se encarga de proteger el organismo del animal.

Introducción en Europa

La chinchilla no se conoció en Europa hasta el siglo XVI; es

AMÉRICA
DEL SUR

Chinchilla laniger

Chinchilla brevicaudata

*La chinchilla es origi-
naria de América del
Sur. En este mapa
podemos observar las
áreas de distribución
de* la Chinchilla laniger
y la Chinchilla brevi-
caudata

decir, no se introdujo en el conti-
nente europeo hasta después de la
conquista española.

En el botín de los soldados
siempre había un buen número de
pieles de este roedor, tan parecido al conejo, que los colonizado-
res llamaron *chinchilla* (nombre
que derivaría de una tribu indíge-
na del Perú, los *chinchas)*.

Las pieles tuvieron gran éxito,
y se experimentó una gran demanda. Pero, para satisfacerla, se
desencadenó una persecución
indiscrimanada.

El proceso exterminador duró
siglos, y llevó la especie al borde
de la extinción. En 1918, los países suramericanos adoptaron medidas para regular la caza. Sin

13

embargo, la especie siguió siendo una de las más perseguidas. Por esta razón, en 1973, en el tratado que se firmó en la Convención de Washington, en donde se listan las especies protegidas, la chinchilla fue incluida en el primer apéndice, que es el que dicta normas más restrictivas.

Primeros intentos de cría

Las nuevas restricciones sobre la caza de chinchillas, por un lado, y la demanda constante de pieles, por otro, dieron lugar a los primeros intentos de reproducción en cautividad que durante algunos años, y debido a algunas características particulares de la especie, fueron infructuosas.

El primero en lograr reproducir una chinchilla en cautividad fue el ingeniero estadounidense Mathias Chapman; en 1922 obtuvo una colonia de once ejemplares que luego consiguió llevar a California. A partir de aquel primer criadero, se originaron todos los que existen en Europa y en el resto del mundo.

Posteriormente, las recientes normas restrictivas que afectan a otros animales de pelaje apreciado, como es el caso de los grandes felinos salvajes, han constituido un nuevo impulso para la cría de la chinchilla, de cuyo suave y espléndido manto se obtienen pieles muy apreciadas.

Una consecuencia positiva de esta actividad es que ha surgido la posibilidad de conocer este encantador roedor como animal de compañía. Su éxito como animal doméstico ha sido tal que se ha extendido rápidamente de Estados Unidos al resto de los países occidentales.

Especies, razas y variedades

Hay dos especies de chinchillas: la chinchilla «lanígera» *(Chinchilla laniger)* y la chinchilla de cola corta *(Chinchilla brevicaudata)*.

Estas dos especies no presentan diferencias externas particulares, a excepción de la cola y el manto. La *Chinchilla laniger* tiene la cola y el pelo más largos, aunque esta última característica es difícil de observar porque existen diversas variedades. La única característica distintiva es, por tanto, la longitud de la cola, más corta en la especie *Chinchilla brevicaudata*.

Precisamente por esta diferenciación morfológica tan poco marcada, no todos los zoólogos aceptan la división en dos especies, y algunos estiman que todas las chinchillas pertenecen a una

La chinchilla variedad laniger *tiene una cola muy tupida, que recuerda una brocha de afeitar*

misma especie, que está dividida en dos razas o variedades.

El manto presenta tres coloraciones principales, que subdividen la chinchilla en tres de razas (aunque es más correcto hablar de variedades, porque oficialmente no están reconocidas).

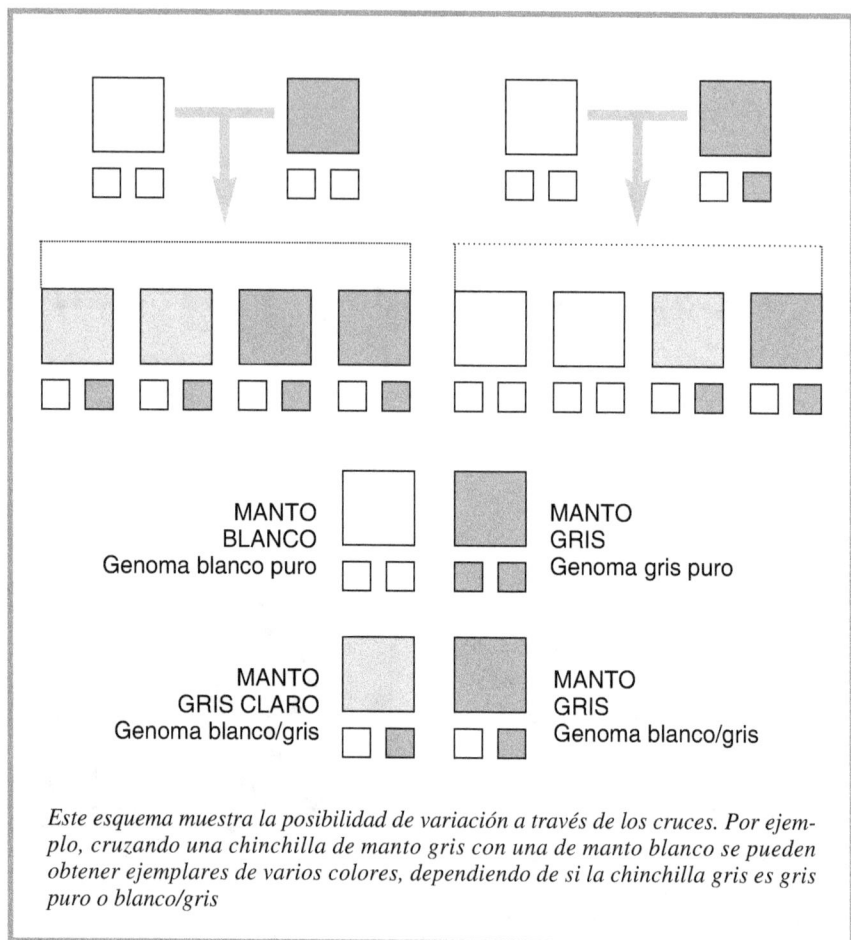

	MANTO BLANCO Genoma blanco puro		MANTO GRIS Genoma gris puro

	MANTO GRIS CLARO Genoma blanco/gris		MANTO GRIS Genoma blanco/gris

Este esquema muestra la posibilidad de variación a través de los cruces. Por ejemplo, cruzando una chinchilla de manto gris con una de manto blanco se pueden obtener ejemplares de varios colores, dependiendo de si la chinchilla gris es gris puro o blanco/gris

Chinchilla gris o plateada

El color más común, el que normalmente identifica a la chinchilla, es el gris. No se trata de un color uniforme, sino que presenta degradaciones que determinan la belleza de cada ejemplar.

Las tonalidades de gris se describen como gris ceniza, gris platino y gris plateado. La primera tonalidad es la más oscura; la segunda, la más clara; la tercera, la más brillante y la más cotizada.

El gris es el color dominante en el lomo y la cabeza, y tiende a difuminarse gradualmente hasta llegar al blanco en el abdomen y las patas. La variedad más apreciada, si tenemos en cuenta la piel, es la que presenta un lomo plateado que se difumina gradualmente hasta el blanco.

En realidad, es difícil describir con exactitud el color de la piel de la chinchilla, ya que la combinación de matices y de reflejos proporcionan a cada ejemplar un color único. Las diferencias se deben al hecho de que cada pelo presenta una gradación de colores distintos desde la raíz hasta la punta (normalmente, son grises o de color gris oscuro en la punta, y blancos o de color gris muy claro en la base).

Chinchilla de manto gris. El hocico tiene forma cónica, con la punta redondeada

Chinchilla blanca o beige

La chinchilla blanca es menos común, y en nuestro país es poco corriente. La variedad más apreciada es la que tiene la piel completamente blanca, sin tonalidades grises o beige. En estos ejemplares, las orejas, la nariz y los extremos de las patas que no están recubiertos de pelo son de color carne.

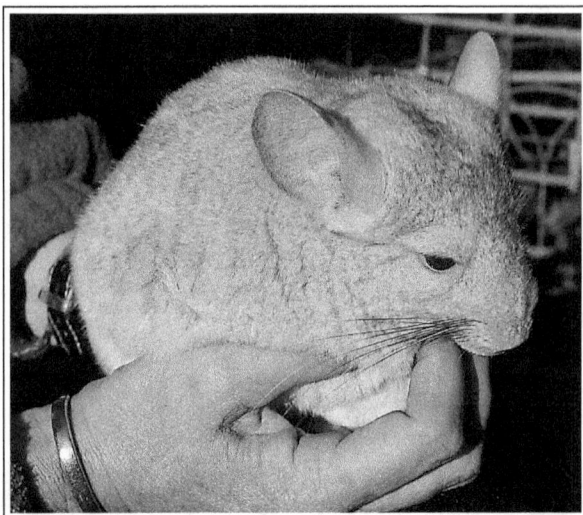

Chinchilla laniger *beige. Véase también la fotografía en color*

No se ha señalado la existencia de ejemplares albinos, aunque muy probablemente los haya, como en todas las especies. Sin embargo, los criadores no los tienen en consideración a causa de su patrimonio genético recesivo, poco adecuado para reforzar la línea de sangre.

La chinchilla de manto blanco posee una piel muy tupida. Esta variedad no es muy apreciada para la confección de abrigos, porque es imposible distinguir su piel de la del conejo blanco.

El manto blanco puede presentar tonalidades de gris muy claro o marrón clarísimo. Si la tonalidad predomina sobre el blanco, se obtiene el ejemplar beige.

Chinchilla negra

La variedad más rara es la de manto negro. Para que un ejemplar de chinchilla sea clasificado como negro, debe tener el manto de color carbón en el lomo y la cabeza, y gris oscuro en el abdomen.

A menudo se consideran erróneamente negros algunos ejemplares que en realidad son de color gris muy oscuro. La chinchilla negra también presenta un manto muy tupido.

Notas de anatomía y fisiología

Anatomía de los roedores

Si se tiene en cuenta el elevado número de especies, es comprensible que existan diferencias notables en lo que respecta a dimensiones y peso, aunque por regla general los individuos pertenecientes al orden de los roedores son mamíferos de tamaño bastante reducido. Constituyen una excepción algunas especies de esciúridos, como el castor, y algunos animales pertenecientes al suborden de los histricomorfos, como la capibara, que mide casi un metro de longitud y puede llegar a los 50 kg de peso.

Veamos a continuación las características comunes a todos los roedores:

- talla pequeña o mediana (raramente supera los 80-100 cm de longitud);
- cuerpo recogido;
- tronco bastante voluminoso, corto y rechoncho;
- cabeza de forma rectangular o de tronco truncado, con ojos situados lateralmente;
- cola de longitud variable (generalmente larga, aunque muchas veces es corta o carecen de ella);
- extremidades cortas y robustas; en la mayor parte de las especies, las posteriores están más desarrolladas que las anteriores;
- extremidades dotadas de cinco dedos con uñas;
- posición cuadrúpeda, con apoyo plantígrado como posición normal;

- en muchas especies, extremidades anteriores móviles, utilizadas sobre todo para manipular la comida;
- posibilidad, en algunas especies, de adoptar la posición sentada durante la manipulación de la comida;
- capacidad para adoptar la posición bípeda y para mantenerla durante breves instantes (siempre sobre las extremidades posteriores);
- dos pares de dientes incisivos muy prominentes y fuertes, de color amarillento o anaranjado, indispensables para la forma de masticar específica de estos mamíferos (el nombre del orden deriva del término latín *rodere*, que se traduce por «roer»); tienen la característica de que crecen sin cesar durante toda la vida del animal, hecho este que explica la necesidad que tienen de actividad continuada para desgastarlos;
- carencia de dientes incisivos secundarios, caninos y premolares anteriores;

Esqueleto de chinchilla. Obsérvese la particular conformación del cráneo y el notable desarrollo de las extremidades inferiores respecto a las superiores

- dientes premolares y molares situados lateralmente, separados de los incisivos por un espacio muy amplio denominado *diastema*;
- molares de crecimiento continuo o definitivo según las especies;
- el número de dientes nunca es superior a 22, aunque se aprecian diferencias notables entre especies;
- algunas especies poseen dos abazones (es decir, sacos de las mejillas);
- notable desarrollo del intestino ciego;
- pene orientado posteriormente y, a diferencia del resto de mamíferos carnívoros, no presenta hueso interno (excepto en los histricomorfos);
- testículos bastante móviles: gracias a un canal inguinal muy ancho, pueden encontrarse en posición abdominal, inguinal o escrotal (en muchas especies sólo se encuentran en posición inguinal o escrotal durante la época reproductiva).

Como todos los roedores, la chinchilla posee dos pares de dientes incisivos muy desarrollados

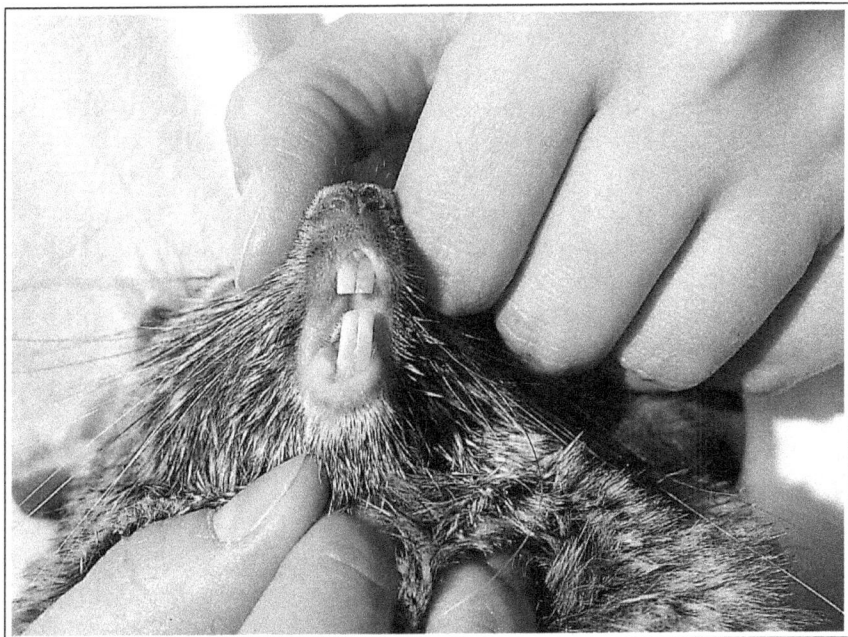

Fisiología de los roedores

Las características fisiológicas más importantes de los roedores son, además del ya citado crecimiento continuo de los incisivos, la coprofagia (ingestión de las heces, que veremos más adelante), el letargo total o parcial durante los meses fríos y los riñones, desarrollados para ahorrar agua.

Teniendo en cuenta sus reducidas dimensiones, los roedores están dotados de un metabolismo bastante complejo, que comporta una frecuencia cardiaca y respiratoria elevada.

Los roedores son mamíferos placentarios. La duración de la gestación, el número de componentes de las camadas y la precocidad de las crías, así como también la duración media de la vida de los ejemplares, son muy variables en las diferentes especies (normalmente los histricomorfos tienen una gestación más larga y una prole menos numerosa y más precoz).

A lo largo de la evolución, los roedores han colonizado todos los continentes y se han difundido por todas las latitudes. La prueba más evidente de esta adaptación es la gran diferencia entre los tipos de alimentación. En efecto, los roedores pueden ser herbívoros, carnívoros o piscívoros, granívoros, frugívoros o insectívoros, razón por la cual el orden puede ser considerado globalmente omnívoro.

Un comportamiento alimentario singular y muy común entre los roedores es la coprofagia. La ingestión de excrementos sirve para aportar al organismo elementos nutritivos muy importantes, como las vitaminas B y K, sintetizadas en el intestino ciego. Por otro lado, la coprofagia permite a los roedores mantener el equilibrio de la flora intestinal, gracias a la ingestión, con las heces, de nuevas bacterias procedentes del aparato digestivo.

Anatomía y fisiología de la chinchilla

La chinchilla es un roedor de dimensiones medianas. El aspecto exterior histricomorfo (similar al de un cobaya) presenta unas características bastante parecidas a las de un conejo enano, aunque con la cabeza más pequeña y dos orejas de forma redonda, parecidas a las de los ratones.

El cuerpo es rechoncho, y las extremidades posteriores están mucho más desarrolladas que las

Primer plano del hocico, los bigotes y las grandes orejas redondas de la chinchilla

anteriores. Los ejemplares adultos de chinchilla miden entre 22 y 35 cm, sin contar la cola, cuyas dimensiones son diferentes en las dos especies principales. Su peso oscila entre 500 y 800 g.

De estos datos se deduce que la chinchilla es un animal bastante pequeño, que aparenta un tamaño mayor a causa del manto largo y tupido.

La piel representa precisamente la característica peculiar de este simpático roedor. El manto es muy tupido, y los pelos que lo componen presentan una longitud de 2 a 4 cm. Su característica más importante es la suavidad, que no se parece a la de ningún mamífero y que sólo es comparable a las plumas de algunas aves. Los pelos de la cola son más largos y menos suaves. El espeso pelaje protege al animal del frío y lo aísla también del calor. El manto de la chinchilla posee además una característica singular: los pelos se sueltan muy

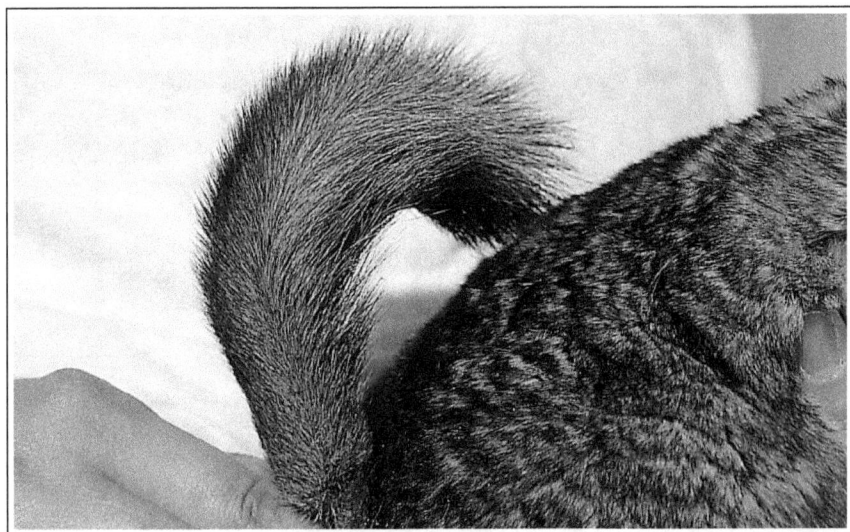

En esta instantánea se puede apreciar perfectamente la diferencia entre el pelo duro y áspero de la cola, y el pelo más tupido y suave del manto

La mano de la chinchilla es muy pequeña y carece de uñas

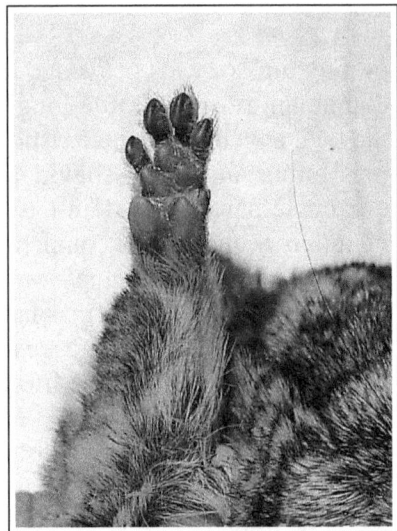

fácilmente cuando es apresado por un predador, lo cual supone un mecanismo de defensa que lo protege de los ataques de eventuales agresores.

La chinchilla es un animal muy ágil, gracias sobre todo al empuje que le proporcionan las extremidades posteriores, extraordinariamente desarrolladas. Las extremidades anteriores, y en concreto las manos y los dedos, poseen una notable movilidad que le permite el apoyo y la posibilidad de agarrar los alimentos, de manipularlos y de llevarlos a la boca. Los dedos carecen de uñas.

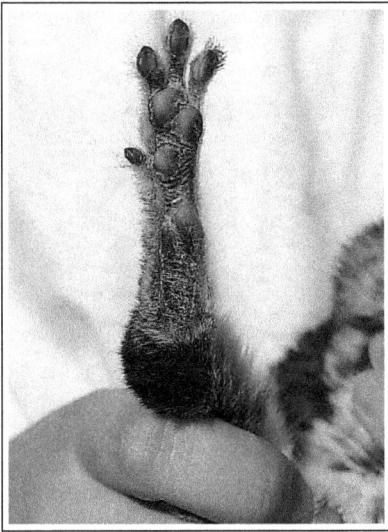

La pupila de la chinchilla tiene forma elíptica vertical, como los gatos o algunas especies de reptiles (en cambio, los demás roedores presentan pupilas circulares).

No obstante, no resulta fácil verla, porque normalmente el iris es de color castaño oscuro.

Constituyen una excepción los ejemplares de manto blanco o beige, que pueden tener los ojos rojos.

La extremidad posterior de la chinchilla está mucho más desarrollada que la anterior

conejo

chinchilla

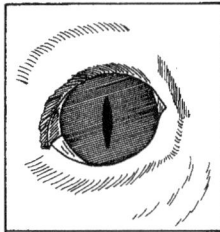

gato

hámster

serpiente

La pupila de la chinchilla tiene forma de huso como la de otras especies animales. En los otros roedores es redonda

En este cráneo de chinchilla se puede apreciar la dentadura, de la que destacan los robustos incisivos

A diferencia de las otras especies de pequeños roedores, la chinchilla tiene una visión aguda y el oído bastante desarrollado.

Por otra parte, presenta dos incisivos superiores y dos inferiores, un premolar y tres molares en cada lado, en ambas arcadas, superior e inferior.

En total, 20 dientes. Todos son de crecimiento continuo, y los incisivos están cubiertos de esmalte de color anaranjado.

El hocico presenta el labio leporino (es decir, con un canal longitudinal) y unos pelos muy largos y desarrollados, parecidos a las vibrisas de los gatos. Estos pelos permiten un tacto muy sensible, especialmente útil para aferrar y manipular la comida.

La hembra posee tres pares de mamas. El par más desarrollado se encuentra en posición inguinal, es decir, en la parte posterior del abdomen. Los otros dos pares son menos visibles, y están situados lateralmente, en el tórax.

La chinchilla posee glándulas odoríferas bien desarrolladas y situadas cerca del ano, que secretan una sustancia de olor característico que sirve, como en muchas otras especies animales,

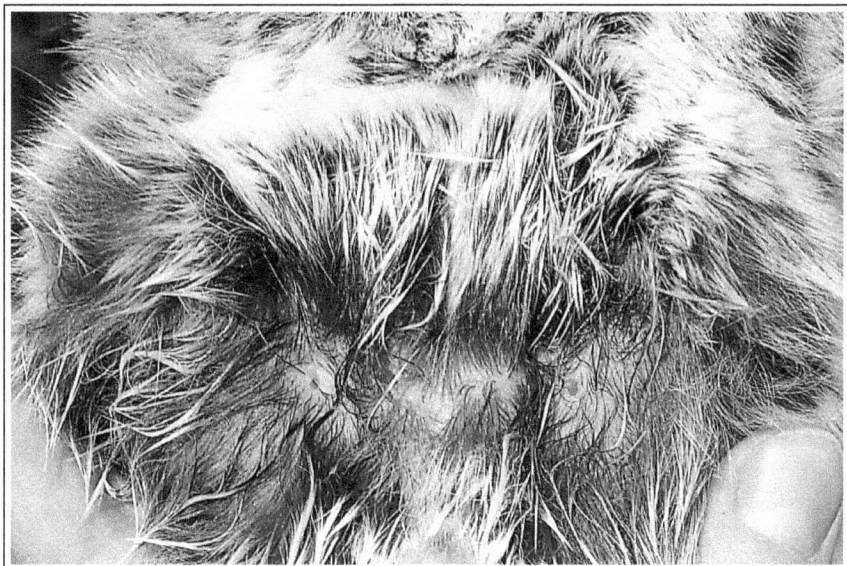

Mamas inguinales de la hembra

para la demarcación del territorio y como reclamo sexual. Estas secreciones también son emitidas en caso de miedo o de peligro, para disuadir a agresores, tanto si son supuestos como si son reales.

Otras especies de roedores poseen glándulas con funciones análogas, aunque la chinchilla es la única que tiene estas glándulas en la región del ano, posición típica de las glándulas odoríferas de los carnívoros.

Dentro del grupo de los pequeños roedores, la chinchilla es una de las especies más longevas. Si bien no se dispone de datos estadísticos referentes a los animales de compañía, se considera que puede vivir entre ocho y diez años, si bien algunos ejemplares han llegado a los quince.

Elección y compra

Por qué una chinchilla

La adquisición de una chinchilla, al igual que la de cualquier otro animal de compañía, debe ser una decisión consciente y responsable, y merece un tiempo de reflexión. No nos dejaremos llevar en ningún caso por un impulso momentáneo.

Empezaremos por decir que la chinchilla no tiene nada en común con las especies de animales de compañía más habituales, como el perro y el gato. Esta consideración no se refiere obviamente a las características externas, sino sobre todo a su carácter y al tipo de compañía que puede ofrecer. Aunque es un animal bastante dócil, este roedor no responderá cuando lo llamemos por su nombre, ni podremos llevarlo a pasear de la correa como un perro; tampoco se dormirá sobre nuestras rodillas, ni ronroneará como un gato. Con esto queremos decir que, quien pretenda comprar una chinchilla en sustitución de un cachorro de perro o de gato, estará cometiendo un error.

También tendremos que valorar las distintas posibilidades cuando nos encontremos ante la duda de si adquirimos una chinchilla o un conejo enano. En este caso, la similitud entre ambos animales es mayor: la talla es parecida y el aspecto exterior también, ya que, al fin y al cabo, una chinchilla se parece muchísimo a un conejo enano de manto gris, con la salvedad de las grandes orejas redondas; además, existe una variedad de conejo de raza enana denominada *chinchilla*, precisamente porque su manto recuerda al del roedor que nos ocupa. Sin embargo, como ya hemos dicho, la chinchilla es diferente al conejo enano, tanto en algunos aspectos relativos a la gestación como en el carácter.

Naturalmente, el futuro propietario de una chinchilla debe ser una persona a quien le gusten mucho los roedores. Por otra parte, es importante recordar que la chinchilla tiene muy pocos aspectos en común con los roedores de talla muy pequeña como hámster, jerbos y ratones, y en comparación con ellos, los cuidados que requiere son un poco más complejos, aunque también aporta más como animal de compañía. Nuestro simpático roedor presenta más analogías con el cobaya, especie con la cual está emparentada, si bien en términos generales suele tener un carácter más activo y brillante.

¿Estamos dispuestos a...?

Al igual que cualquier otro animal doméstico, la chinchilla nos proporciona compañía pero requiere atenciones y disponibilidad por nuestra parte para hacer frente a algunos aspectos prácticos. Expondremos brevemente las condiciones indispensables para poder tener una chinchilla. Antes de tomar una decisión definitiva, el futuro propietario tiene que plantearse sinceramente si está dispuesto a:

- instalar en su casa una jaula de grandes dimensiones;
- dedicar al menos media hora al día al cuidado, limpieza y mantenimiento del animal;
- dejar que la chinchilla disfrute de unos minutos de libertad cada día, sin correr riesgos ocasionados por la presencia de otros animales domésticos, como perros, gatos y hurones;
- limpiar pequeñas cantidades de orina o de excrementos que el animal emite durante estos breves paseos fuera de la jaula;
- aislar o proteger instalaciones o aparatos de la casa que la chinchilla podría dañar cuando se encuentra fuera de la jaula;
- llevarnos la chinchilla con su jaula durante las vacaciones, o bien dejarla a algún amigo o costear un servicio de acogida de animales;
- asumir que la compañía de una chinchilla puede durar hasta

8 o 10 años, ya que se trata de un animal bastante longevo;

- llevar el animalito al veterinario y hacer frente a cuantos gastos sean necesarios en caso de enfermedad.

En definitiva, sólo podremos adquirir una chinchilla si estamos dispuestos a aceptar sus características peculiares, si estamos convencidos de que es el animal de compañía adecuado para nuestros gustos y necesidades, y si somos conscientes de que, como cualquier otro animal doméstico, requiere tiempo y atención.

¿Cómo es posible resistirse a un animalito tan tierno y gracioso? Pero se trata de un animal, no de un juguete...

La legislación referente a la compra

Los orígenes y las características anatómicas y fisiológicas poco comunes de la chinchilla hacen que el animal esté clasificado como especie exótica.

El comercio de animales exóticos es objeto de tratamiento en la Convención de Washington o CITES (Convention of International Trade od Endangered Species of wild fauna and flora), es decir, la convención sobre el comercio internacional de las especies animales y vegetales en peligro de extinción, que dicta las normas para el comercio internacional de estas especies.

En la Convención de Washington, la chinchilla está incluida en el apéndice I, que prohíbe el comercio de algunas especies.

Sin embargo, constituyen una excepción los ejemplares nacidos en cautividad. Dicho de otro modo, está prohibido vender o comprar una chinchilla capturada en el medio natural, pero no existen prohibiciones para los animales nacidos en criaderos.

Visto que todas las chinchillas que se venden proceden de criaderos, no hay ningún tipo de declaración obligatoria o de limitación, y la compra es totalmente libre.

¿Un solo ejemplar o una pareja?

Una vez que se ha tomado la decisión de comprar una chinchilla, se plantea la cuestión de si comprar un solo ejemplar o una pareja.

Desde el punto de vista del mantenimiento, no existen diferencias significativas. Las dimensiones de la jaula serán las mismas en ambos casos.

Es de señalar que, si tomamos la decisión de comprar más de una chinchilla, debemos optar por una pareja, es decir, dos ejemplares de diferente sexo. No es aconsejable tener dos machos o dos hembras, porque podrían originarse conflictos de territorialidad. La única excepción es la posibilidad de que sean dos hermanas, es decir, dos hembras de la misma camada y que hayan crecido juntas. En cualquier caso, hay que cerciorarse bien de que efectivamente es así, y esto no siempre es fácil; la palabra del vendedor no basta, porque su respuesta podría estar influenciada por el interés de lograr la venta de dos ejemplares en lugar de uno solo.

Normalmente, las personas interesadas en estos animales suelen optar por una pareja, movidas en parte por la ilusión de poderlas ver criar en un futuro. Las chinchillas no presentan el problema de exceso de nacimientos, típicos de otras especies de roedores, y esto se debe principalmente a su escasa capacidad reproductiva; además, debido al valor económico del animal, siempre es posible encontrar un comerciante dispuesto a quedarse con los cachorros.

El único factor restrictivo a la hora de comprar una pareja es el precio, que normalmente es el doble, aunque en algunas tiendas el vendedor asigna precios diferentes a cada ejemplar según la belleza, o aplica un descuento proporcional en función del número de animales que se compran. De todos modos, comprar una pareja, a la larga, puede resultar una buena inversión, incluso para un simple aficionado, porque la venta posterior de los cachorros puede servir para recuperar el dinero que se invirtió al principio.

Si se pretende adquirir una pareja con la intención de criar, es preferible comprar los dos ejemplares al mismo tiempo en lugar de hacerlo por separado. En este último caso, el apareamiento podría fracasar, ya que el recién llegado podría se rechazado al estar ya la jaula ocupada por el primer ejemplar.

Una tercera solución, por la que optan quienes quieren tener un pequeño criadero para poder vender los cachorros a particulares o a tiendas de animales, es el llamado *harén*, es decir, un grupo de chinchillas constituido por un macho y un número de hembras que oscila entre tres y cinco. Naturalmente, además de un coste inicial mayor, esta opción requiere jaulas con una estructura especial, y un aumento del espacio y del tiempo que se requiere para el mantenimiento. Es una alternativa válida para los grandes amantes de estos animales, pero hay que tener mucho cuidado: el fin económico no debe representar el primer o el único objetivo para poner en marcha un criadero, porque, evidentemente, vendiendo chinchillas nadie se hace rico.

¿Macho o hembra?

Si nos decidimos a comprar un único ejemplar, tendremos que elegir entre un macho o una hembra. No existen diferencias externas ni de carácter que hagan preferible uno u otro sexo. Cada ejemplar de chinchilla tiene un carácter individual muy marcado, distinto al de otros ejemplares. Por lo que respecta al aspecto externo, seguramente nos dejaremos guiar por algún detalle o simplemente por la intuición o por la simpatía que despierte en nosotros un animal concreto. Sin embargo, en el momento de efectuar la compra, es muy importante determinar con exactitud el sexo, no sólo cuando se compra un único animal, sino también cuando se compra una pareja.

La determinación del sexo de la chinchilla no es fácil, y conviene no confiar ciegamente en las palabras del vendedor. Es preferible que lo comprobemos nosotros mismos, siguiendo las indicaciones que aparecen en el capítulo dedicado a la reproducción.

¿Dónde podemos comprarla?

La cuestión que se nos plantea a continuación es dónde podemos encontrar una chinchilla.

A la hora de elegir la tienda, tendremos muy en cuenta la experiencia del vendedor en lo que respecta a estos animales. Actualmente, esta especie todavía no goza de una gran difusión, y no es fácil de encontrar en las tiendas de animales; esto se explica principalmente por el hecho que la chinchilla tiene un valor de mercado muy superior al de otros roedores domésticos y, por lo tanto, la hipotética pérdida de un animal durante su estancia en la tienda supondría una pérdida económica considerable para el vendedor.

En la mayor parte de comercios de animales no disponen de chinchillas para la venta inmediata. Si alguien se interesa por esta especie, suelen contactar con algún criador o con algún cliente al que hubieran vendido una pareja y que esté en condiciones de proporcionar una cría. Por este motivo, es posible que la adquisición de una chinchilla requiera un poco de tiempo, al igual que ocurre con los cachorros de algunas razas de perros.

Si tenemos la intención de efectuar una reserva deberemos solicitar algunas informaciones preliminares acerca del animal (sexo, edad, color del manto, procedencia, etc.).

Naturalmente, un elemento importante en la elección es el precio, que debe ser proporcional a la belleza del ejemplar, y que es más elevado en los casos de ejemplares de manto blanco y de mejores reproductores (generalmente machos).

Por consiguiente, si nuestra intención es montar un pequeño criadero puede ser útil comprar reproductores en Alemania o Inglaterra, en donde la chinchilla goza de mayor difusión.

Lo ideal sería adquirir un cachorro de chinchilla del que podamos conocer los padres y su estado de salud. Por desgracia, no es fácil obtener este tipo de información y los comerciantes, por motivos obvios, no suelen proporcionar los datos de los clientes que poseen una pareja.

En el caso de encontrar una tienda en la que haya chinchillas expuestas, antes de pedir que nos enseñen un ejemplar concreto es conveniente observar atentamente el lugar en donde se alojan y su comportamiento. La jaula y el espacio disponible son el primer argumento. No es aconsejable comprar una chinchilla que viva en una jaula demasiado pequeña, puesto que podría llevar en ella muchos días y, por lo tanto, podría ser un ejemplar muy estresado o debilitado.

Elección del ejemplar

Veamos qué deberemos tener en cuenta antes de comprar una chinchilla.

En cuanto a la vivacidad, recordemos que son más activas durante las horas nocturnas y, al contrario, por la mañana suelen permanecer un poco somnolientas y abatidas. Por lo tanto, este momento del día no es el más adecuado para valorar el carácter y el comportamiento. Es aconsejable ir a la tienda a última hora de la tarde, un poco antes de que cierre.

Si tenemos la posibilidad de observar más de un ejemplar, sin duda elegiremos el que consideremos más bonito o más simpático.

Como ya hemos dicho, el carácter y el aspecto externo no dependen del sexo, aunque es conveniente que tengamos claro si queremos un macho o una hembra.

Antes de hacer efectiva la compra tendremos que comprobar, quizá con la ayuda del vendedor, que el animal no presente signos clínicos que pongan en duda su estado de salud. Veamos cuáles son estos síntomas:

• la chinchilla debe mostrarse atenta y despierta. Cuando nos aproximemos a la jaula, deberá dar muestras de que percibe nuestra presencia, posiblemente huyendo. Si se le saca de la

Esta chinchilla que acepta una zanahoria es con toda seguridad un ejemplar sano

jaula, tendrá que oponer una cierta resistencia, puesto que una chinchilla que permanece pasiva y que no reacciona de la forma descrita no es un ejemplar manso, sino enfermo;

- las orejas deben estar bien abiertas y erguidas, no bajadas;
- la nariz debe estar seca, con los orificios siempre en movimiento (igual que los conejos);
- los ojos deben estar bien secos, sin mucosidad o secreción a su alrededor;
- el pelo debe ser brillante, uniforme y muy suave. No deberá presentar claros o áreas sin pelo; hay que observar con atención también el abdomen;
- la zona anal tiene que estar perfectamente limpia y seca. No debe haber restos de excrementos, especialmente blandos o líquidos;
- la respiración debe ser regular, sin que los flancos se muevan excesivamente. El animal no debe estornudar.

Atención: antes de irnos a casa con nuestra chinchilla tendremos que informarnos sobre el tipo de comida que se le ha dado hasta el momento y, si es posible, compraremos un poco.

Tal como veremos de forma más exhaustiva en el capítulo dedicado a la alimentación, evitaremos los cambios bruscos de alimentación, tanto en lo que respecta al tipo como a la cantidad de comida.

La chinchilla
en el entorno doméstico

Transporte
y llegada a casa

La chinchilla no puede llevarse a casa en brazos, como un gato o un conejillo, porque se asustaría mucho.

El transporte debe realizarse en una jaula adecuada. Puede servir una de gato, preferiblemente con paredes continuas y sin rejilla, para evitar que el animal se provoque heridas en las patas y sienta miedo viendo cuanto ocurre a su alrededor. Una alternativa a la jaula de transporte puede ser una simple caja de cartón de dimensiones apropiadas.

Por lo que respecta al medio de transporte, si se utiliza el coche evitaremos las horas de más calor.

Los primeros días en compañía de nuestro nuevo amigo son los más delicados, porque el cambio de vivienda es siempre un elemento estresante.

El objetivo principal que deberemos plantearnos durante los días de adaptación a la nueva vivienda es reducir al mínimo el estrés, que tiene el origen en diferentes factores que dependen directamente del propietario. Prestaremos una especial atención a la colocación de la jaula (que debe instalarse en un lugar tranquilo), a la alimentación y a las manipulaciones.

Para favorecer la aclimatación de la chinchilla en casa es oportuno, por no decir indispensable, que la jaula se haya preparado ya con antelación.

Para el transporte de la chinchilla se puede utilizar una jaula para gatos, con la condición de que tenga el fondo liso y no de reja

Por lo tanto, habrá que empezar por comprar la jaula. Si no hemos encontrado la jaula idónea, negociaremos con el vendedor la posibilidad de que se quede el animal en la tienda hasta que hayamos solucionado el problema.

Una alternativa es alojar la chinchilla en una jaula para conejos que, pese a tener unas dimensiones menores, puede ser útil para que pase uno o dos días. Esta solución presenta el inconveniente de que el animal cambiaría tres veces de alojamiento en un periodo de tiempo muy breve: la jaula de la tienda, la jaula provisional y la definitiva. Si a ello le añadimos la temporada que pasó en el criadero, y la posibilidad de que solamente hubiera estado unos pocos días en la tienda, el número de mudanzas podría establecerse en cuatro.

Una vez en casa, deberá aclimatarse a su nueva vivienda, y por lo tanto nosotros nos limitaremos a suministrarle comida y agua, y a limpiarle periódicamente la jaula.

Lo más difícil, justo después de haber comprado la chinchilla, es dejarla tranquila durante unos días. Es difícil resistir a la tentación de tocarla, de cogerla con las manos, fotografiarla, intentar domesticarla, darle trocitos de comida, mostrarla a los amigos y conocidos (muchos de los cuales nos pedirán que les dejemos acariciar su espléndida piel y tomarla en brazos). Todas estas circunstancias deberán evitarse durante los primeros días después de su llegada a casa.

Las primeras salidas de la jaula también deberán demorarse unos días, para que el animal coja confianza con el ambiente que lo rodea.

Esta chinchilla se encuentra en una jaula para conejos, demasiado pequeña para sus exigencias

La jaula

La jaula y sus accesorios son muy importantes para que el animal se encuentre cómodo en casa. Es muy fácil entenderlo: la jaula es su verdadera casa, y es donde el animal pasa la mayor parte del día y, en términos globales, casi toda su vida.

Puesto que se trata de una jaula un poco especial, sobre todo en lo que se refiere a dimensiones, la adquisición tiene que programarse con la antelación suficiente, ya que muchas veces los comercios no disponen de ellas y hacen el pedido cuando se les realiza el encargo.

Naturalmente, las dimensiones y la estructura pueden presentar una serie de variables. Los precios dependerán de las dimensiones, de los materiales, del acabado y de los accesorios.

¿En jaula o suelta?

La pregunta puede plantearse espontáneamente: ¿es indispensable disponer de una jaula para la chinchilla?

Efectivamente, la duda es razonable porque, como ya hemos dicho, tanto en su aspecto externo como en sus dimensiones, la chinchilla es muy parecida a un conejo enano, y estos, en muchas casas, están casi todo el día sueltos y sólo tienen una jaula pequeña para dormir y para el transporte.

Sin embargo, la chinchilla tiene una vida diferente a la del conejo, y esto comporta diferentes exigencias en el plano de las necesidades prácticas.

Aunque la chinchilla, a diferencia de los roedores de talla muy pequeña, no tiene por qué vivir siempre en la jaula, esta es indispensable y el animal debe pasar buena parte del día dentro por los siguientes motivos:

- Es un animal bastante tímido, que necesita un lugar en donde esconderse y escapar de nuestra mirada, tanto cuando está despierto como en las horas de sueño. Es más: cuando se deja que una chinchilla circule libremente por la casa, lo primero que hace es buscar un escondite. La jaula (a ser posible que disponga de una caseta en su interior) ofrece esta protección indispensable.
- Fuera de la jaula la chinchilla adopta un comportamiento más cauto y menos confiado, hasta el punto que podría no alimentarse suficientemente, aunque le su-

ministremos la comida y el agua siempre en el mismo punto.

- La casa presenta numerosos peligros potenciales para la chinchilla.

- La chinchilla puede causar pequeños destrozos que, a la larga, acabarían influyendo en nuestra actitud hacia el animal. Además de su capacidad innata

Una chinchilla sentada en el techo de la caseta, dentro de su jaula

por roer todo cuanto está a su alcance, el animal va dejando continuamente pequeñas cantidades de excrementos en forma de bolitas que, aunque son sólidas y no huelen mal, al cabo de pocos días llenarían todos los rincones de la casa. Por otro lado, orina en cualquier lugar.

- Una permanencia bastante larga en el exterior repercutiría en el manto, que se ensuciaría excesivamente.

Todo esto no impide que, si el espacio doméstico lo permite y si no hay peligros potenciales para el animal, la chinchilla puede correr libremente fuera de la jaula.

La jaula también es indispensable en las casas con jardín, porque el carácter curioso y la extraordinaria habilidad de la chinchilla harían que se escapara en muy poco tiempo, sin olvidar, por otro lado, el riesgo que correría de ser capturada por un animal predador, como podría ser un gato.

Formas y materiales

Debido a que los roedores de dimensiones medias (chinchilla, cobaya o perro de las praderas) tienen una difusión menor que los de talla pequeña (hámster, jerbos y ardillas), los fabricantes de jaulas todavía no han comercializado modelos con formas y dimensiones diversas. Se pueden encontrar jaulas para hámster de todas las formas, dimensiones y colores. En cambio, para la chinchilla la oferta no es tan amplia, aunque no por esto las jaulas que se venden son menos apropiadas o funcionales. En este apartado nos limitaremos a describir las características generales de la jaula para nuestra mascota.

La mayoría de las jaulas tiene la base en forma de rectángulo, ya que ofrece una mayor comodidad al animal, pues de este modo puede deambular con mayor libertad.

No obstante, a menudo se encuentran en las tiendas jaulas de forma circular o con el techo en forma de cúpula, que presenta la ventaja de no tener ángulos. A pesar de su vistosidad, hay que tener en cuenta que son menos cómodas desde el punto de vista del transporte y de la instalación en casa.

Normalmente, la jaula es metálica, por razones de dureza, de resistencia a los dientes del roedor y por la facilidad que presentan para la limpieza. La calidad y la duración de la jaula dependen del tipo de metal. La mayor parte de las jaulas son de acero inoxidable, para evitar la formación de óxido y para que el conjunto tenga poco peso. Los inconvenientes (que en realidad se observan pocas veces) son los posibles defectos en las soldaduras, de las que a veces sobresalen pequeñas puntas. Cuando compremos la jaula no dejaremos pasar por alto este detalle. También puede suceder que, debido al uso, se rompa una varilla, con el consiguiente peligro para la chinchilla.

Dimensiones

Las dimensiones mínimas de una jaula son 80 x 60 x 80 cm (largo, hondo y alto, respectivamente). Con estas medidas, se pueden alojar correctamente uno o dos ejemplares.

Naturalmente, cuanto más amplia sea la jaula, más espacio tendrá el animal y, por consiguiente, mejor vivirá.

Al decidir las dimensiones de la jaula no hay que tener en cuenta sólo el espacio disponible en casa, sino también la posibilidad de traslados. Si fuera necesario dejar la chinchilla en casa de amigos, o si debiéramos confiarla a un servicio de acogida de animales, una jaula de medidas excesivas, en particular por lo que respecta a la altura, podría representar un obstáculo.

Dado que a la chinchilla le gusta corretear por la jaula, será indispensable subdividirla en dos o tres niveles, instalando una o dos plataformas intermedias unidas por una pequeña escalera con peldaños de madera de sección circular.

Si consideramos que la altura mínima de cada rellano para que la chinchilla pueda ponerse de pie sobre las patas posteriores es de 40 cm, una jaula con dos o tres rellanos deberá tener una altura de 80-120 cm respectivamente.

Las paredes y el fondo

Las paredes de la jaula estarán constituidas por barras horizontales, o bien por una rejilla de barras perpendiculares.

El techo de la jaula puede ser igual que las paredes laterales, o bien liso.

Las jaulas más corrientes suelen optar por la primera solución, pero si se quiere que la chinchilla esté más protegida, en caso de que la jaula esté expuesta al sol o en un lugar con mucha luz, o también si está instalada en el exterior sin ninguna protección, es conveniente que el techo no sea de rejilla.

El fondo, a diferencia de las jaulas para otras especies de roedores, es indispensable que esté constituido por una parrilla con orificios cuadrados de 1 cm de lado.

El principal defecto de la parrilla es que puede causar heridas en las patas y en la planta de los pies, como ocurre a menudo en los conejos y en las cobayas. Sin embargo, para la chinchilla no hay otra alternativa, ya que es la única manera de evitar la acumulación de excrementos y suciedad que podría provocar la enfermedad de nuestra mascota.

El criador puede tener la precaución de comprar una parrilla hecha con material de primerísima calidad, para reducir los riesgos. Como ya hemos dicho, es muy importante la medida del paso de reja, que no debe ser ni demasiado grande ni demasiado pequeño a fin de evitar el mayor número de posibles percances. La chinchilla debe poder caminar fácilmente sin correr el riesgo de que una pata se le quede atrapada.

El fondo de la jaula deberá estar levantado del suelo unos pocos centímetros, de manera que se pueda retirar e introducir el cajón de recogida de excrementos. Generalmente, la tapa inferior de las jaulas se desliza a través de unas guías o mediante unas ruedecitas.

Dicha tapa suele ser de material plástico o de metal, y tiene las mismas medidas que la base de la jaula, con márgenes de 2 cm. En las jaulas convencionales, unas guías facilitan la introducción y la extracción del cajón del fondo. Dentro de esta última se tendrá que colocar el material absorbente —que puede ser sustrato para gatos o para roedores, virutas, papel de periódico, etc.— y que permitirá recoger los excrementos que caen a través de la parrilla que se encuentra en el fondo de la jaula. De esta manera, independientemente del tipo de material utilizado, la chinchilla no entra nunca en contacto con el sustrato y no se ensucia la piel.

En el caso de que nos viésemos obligados a utilizar una jaula diseñada para otras especies de roedores o conejos enanos, es aconsejable poner en el suelo una capa de sustrato higiénico especial para roedores, que absorba las deyecciones y sobre todo la orina.

En cambio, si tenemos una jaula especial para la chinchilla, la utilización de sustrato acarrearía un gasto importante debido a las mayores dimensiones de la base. Por otro lado, el contacto con él, especialmente si está mojado, ensuciaría inevitablemente el pelo de las patas y del abdomen y podría provocar irritaciones graves en la piel, con el consiguiente riesgo de infección.

Plataformas

El suelo de las plataformas superiores puede ser de rejilla o liso. Cualquiera de los dos tipos da buenos resultados, si bien la superficie lisa es preferible porque la chinchilla puede caminar con mayor facilidad y permanecer quieta con más comodidad.

Por otra parte, el uso de plataformas de rejilla evita el peligro de que se acumule porquería y, por consiguiente, la piel del animal se ensucie es inferior, porque el animal aprende a orinar únicamente en el fondo de la jaula. No obstante, aunque la superficie sea lisa, los excrementos, que son pequeños y sólidos, no suponen un problema demasiado grande: de hecho, no cuesta demasiado hacerlos caer al fondo cuando limpiemos la jaula.

Las escaleras que unen los distintos pisos se consideran parte integrante de la estructura de la jaula y siempre están realizados con barras metálicas, ya que su resistencia es mucho mayor.

Aberturas

La jaula debe tener aberturas suficientemente amplias situadas en cada nivel y con un mecanismo de cierre seguro.

Las portezuelas que ofrecen más garantías de seguridad son las que requieren una cierta fuerza para abrirlas y una presión notable para cerrarlas. La chinchilla posee bastante fuerza para su talla, y es capaz de forzar un dispositivo flojo.

Las dimensiones de las aberturas han de permitir no sólo el paso del animal, sino también las operaciones de limpieza de la jaula, sobre todo si las plataformas intermedias son de superficie lisa.

Por último, existe también un mecanismo de cierre que ofrece una gran seguridad que es la portezuela «de guillotina».

CÓMO SE CONSTRUYE UNA JAULA A MEDIDA

Los aficionados al bricolaje pueden valorar muy seriamente la posibilidad de construir una jaula que se ajuste perfectamente a las exigencias de la chinchilla, al espacio disponible y a su gusto personal. A continuación, describiremos cómo construir de forma bastante simple y económica una jaula para la chinchilla.

Primeramente, debemos efectuar una aclaración en lo que concierne al material empleado: al utilizar la madera en lugar del metal, surgirá un

Esta jaula de chinchilla, construida a mano, es suficientemente grande para poder alojar más de un ejemplar y para satisfacer las necesidades de movimiento de esta especie tan vivaz

pequeño inconveniente, y es que, si el animal que alberga tiene una marcada tendencia a roer, es posible que con el paso del tiempo provoque algún deterioro en la jaula.

En lo que respecta a la limpieza, la jaula de madera no puede ser esterilizada con chorros de vapor, aunque esta práctica sólo es necesaria cuando se poseen numerosos ejemplares.

Por otra parte, la ventaja de la jaula de madera es la posibilidad de «personalizarla», además de la diversión que procura el hecho de construirla nosotros mismos.

En nuestro ejemplo, supondremos que construimos una jaula de base rectangular y dos pisos.

Siguiendo el esquema, con las variaciones que nos dicte la fantasía y nos permitan nuestras capacidades manuales, podremos fabricar una jaula «casera» a medida para la chinchilla.

Materiales y herramientas necesarias para construir una jaula

* *Varios listones de madera (de sección cuadrada o rectangular, de al menos 2 cm de lado), dos listones planos y algunos de sección circular;*
* *tablero de aglomerado de 0,5 cm de espesor;*
* *puntas para madera;*
* *cola para madera;*
* *red metálica resistente de paso cuadrado de 1 cm aproximadamente, o reja metálica forrada de plástico, de paso cuadrado de 1 cm aproximadamente;*
* *alambre plastificado;*
* *ángulos metálicos de refuerzo y los correspondientes tornillos;*
* *hojas de plástico adhesivo;*
* *martillo;*
* *sierra pequeña;*
* *tijeras para papel, folios, lápiz, regla, metro, sierra, taladro, tenazas.*

1. Determinamos las dimensiones, y cortamos los 16 listones que constituirán las aristas del paralelepípedo y los soportes de la plataforma intermedia. Cortamos también el tablero de aglomerado según las dimensiones de la plataforma.

2. Construimos la estructura portante de la jaula clavando y encolando los listones. Las cuatro aristas de la base deberán estar situadas a unos centímetros del suelo, respecto a los cuatro montantes, para que el fondo de la jaula quede levantado del suelo y se pueda colocar el cajón de recogida de excrementos.

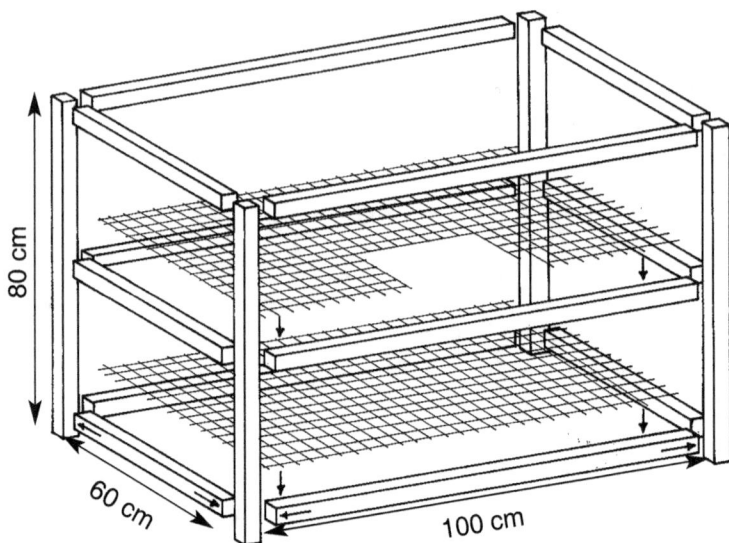

Para construir la jaula, primeramente hay que unir los montantes que forman la estructura, y a continuación se fija el fondo y la plataforma (en este caso de reja)

3. Reforzamos la armadura de la jaula con ángulos de metal para asegurar su estabilidad.

4. Con las puntas fijamos en los listones de la base la red metálica correspondiente al suelo de la jaula.

5. Cortamos la abertura de un tamaño que permita el paso de la chinchilla en el tablero de aglomerado. Una alternativa al aglomerado es utilizar también la red metálica para la plataforma. No hay que olvidarse de lijar perfectamente las aristas de la abertura.

6. Forramos el aglomerado con plástico adhesivo, para facilitar la limpieza.

7. *Seguidamente, fijamos la plataforma en los listones de madera correspondientes.*

8. *Montamos las cuatro paredes laterales, fijando la red metálica a los listones con las puntas. Si la red es fina se puede cortar de una sola pieza, mientras que si es gruesa se tendrán que cortar los cuatro lados por separado.*

9. *La tapa superior, de red ligera, red metálica o aglomerado revestido, tiene que fijarse por separado.*

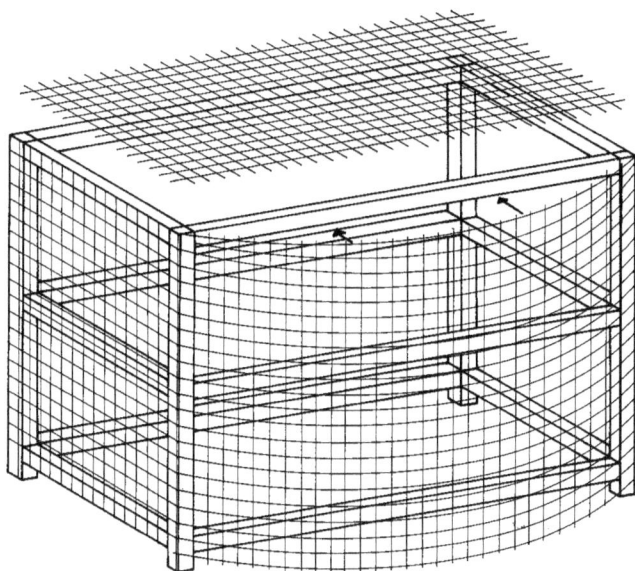

Montaje de la red metálica en las paredes y en la cara superior

10. *Cortamos en la red metálica los orificios correspondientes a las portezuelas. La puerta puede estar constituida por una hoja de red metálica sostenida por alambre plastificado, o también podemos emplear el sistema de «guillotina».*

La puerta de
acceso puede
hacerse cortan
do una pieza
cuadrada o rec
tangular de re
ja, como pue
de observarse
en la foto
grafía, o si no
también puede
fabricarse «de
guillotina»
como muestra
el dibujo

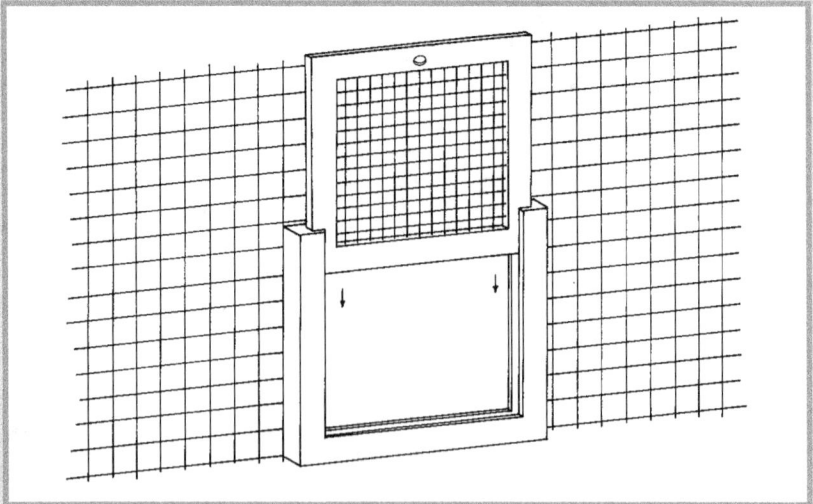

11. Finalmente, con listones planos y cilindros de madera construimos la escalera, que colocaremos en la abertura de la plataforma.

Si la jaula posee uno o más rellanos, es imprescindible ponerle escaleras

Los accesorios

Son el complemento indispensable para la jaula de la chinchilla. Incluyen el recipiente para la comida, el bebedero, la caseta y el recipiente para el baño de arena.

El recipiente para la comida

Normalmente es de plástico y presenta una forma rectangular; carece de tapa.

Tiene pequeñas dimensiones y sirve para contener los palitos de pienso. Se puede dejar simplemente en el suelo de la jaula, o también se puede colgar con dos pequeños ganchos en una de las paredes, para que la chinchilla no derrame la comida.

El heno se coloca en un pequeño comedero consistente en una reja levantada unos centímetros del suelo y fijada a uno de los lados. De este modo, el animal no come en contacto con los excrementos y la orina, si bien esta eventualidad es bastante improbable.

Los otros alimentos, como fruta o verdura, pueden colocarse en un recipiente o también se pueden dejar en el suelo.

Un recipiente para la comida suficientemente bajo y ancho para evitar que la chinchilla la vierta

El bebedero

El bebedero más práctico es el de sifón. Este modelo consta de un recipiente cilíndrico con un tubo metálico en la parte inferior. En el extremo del tubo hay una bolita que hace de tapón. La chinchilla lame la bolita y la mueve, dejando salir así una pequeña cantidad de agua.

Este bebedero de sifón para pequeños roedores es ideal también para la chinchilla

Este bebedero se fija por el exterior de la jaula, con la cánula metálica orientada hacia el interior de la misma.

Una segunda opción para suministrarle el agua a la chinchilla consiste en colocar un recipiente en el fondo o colgado de una pared de la jaula. En este caso, el inconveniente principal es que el agua se derrama con relativa frecuencia y se ensucia.

La caseta

No todos los criadores incluyen casetas en las jaulas de las chinchillas. Algunos sólo utilizan este accesorio cuando hay una hembra a punto de parir. En tal caso, la caseta es indispensable, no tanto para protegerse del frío, sino para proporcionarle un lugar para esconderse y para descansar, fuera de la visión de extraños o de enemigos potenciales.

La caseta debe tener las dimensiones adecuadas a la talla y al número de chinchillas a las cuales está destinada, y será preferentemente de plástico o metálica. Dado que no siempre resulta fácil encontrar casetas con las características que deseamos, podemos construir una de made-

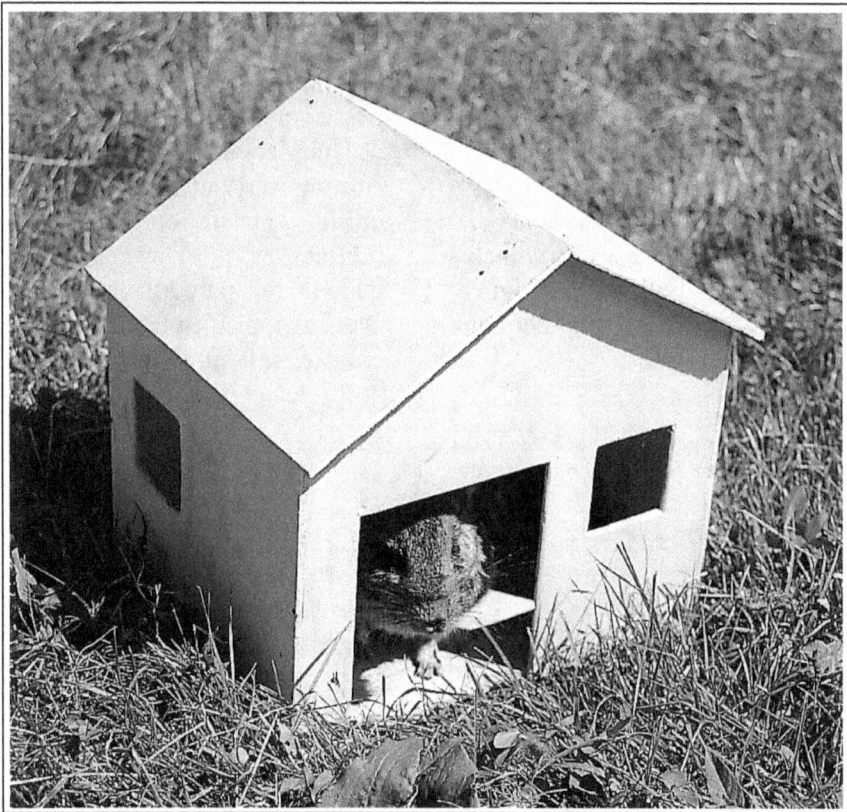

La chinchilla, al igual que todos los roedores, conserva el instinto de la madriguera. Por lo tanto, es conveniente instalar una caseta para que se cobije, duerma y, en caso de poseer una pareja, para el parto

ra. El inconveniente de utilizar este material no es tanto la dificultad en la limpieza (los excrementos no ensucian y el animal orina fuera de la caseta), sino la duración. Probablemente la chinchilla dañará la estructura royendo márgenes y aristas, y en pocos meses quedará inservible.

La caseta debería tener dos aberturas: una puerta y una ventana cuadrada o redonda. Dada su extraordinaria agilidad, es posible que la chinchilla utilice indiferentemente ambas aberturas para entrar y salir.

El techo, de dos aguas, tiene que poder abrirse fácilmente,

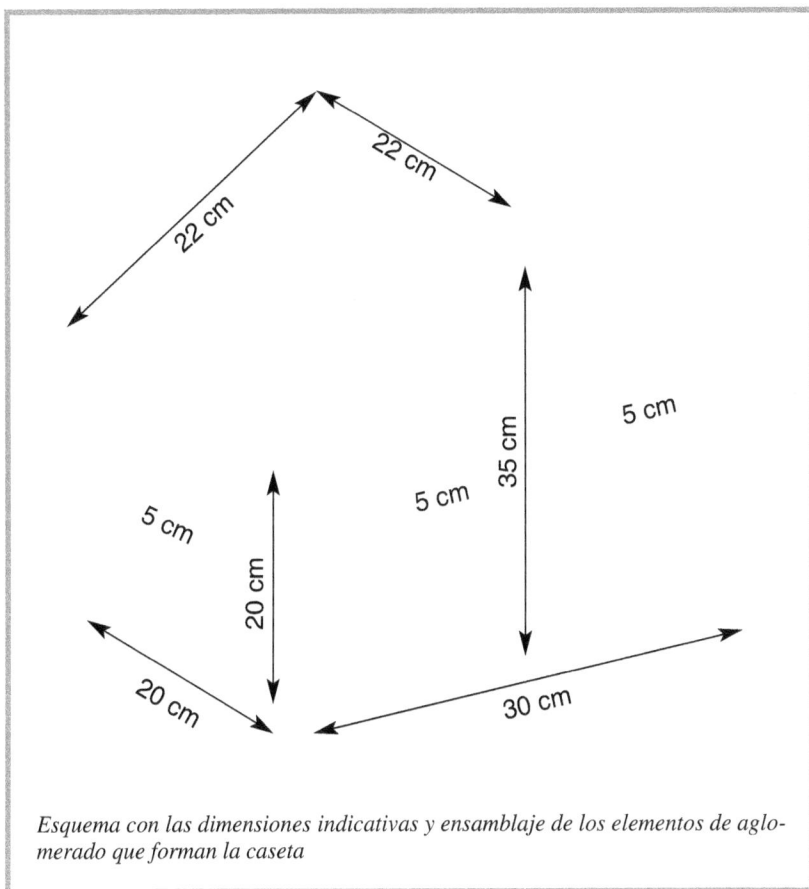

Esquema con las dimensiones indicativas y ensamblaje de los elementos de aglo-merado que forman la caseta

para sacar a los roedores cuando sea necesario y para la limpieza interior. Dado que la chinchilla evacúa diariamente una gran cantidad de heces, es conveniente que la caseta no tenga suelo, y que la podamos sujetar con un par de ganchos a las paredes de la jaula. En este caso, es indispensable disponer de una plataforma de superficie lisa, porque en caso contrario la chinchilla se apoyaría siempre, incluso durante el descanso, en una superficie de rejas.

Dentro de la caseta podemos colocar algún material blando, que la chinchilla utilizará como nido. Lo ideal es un paño de tela

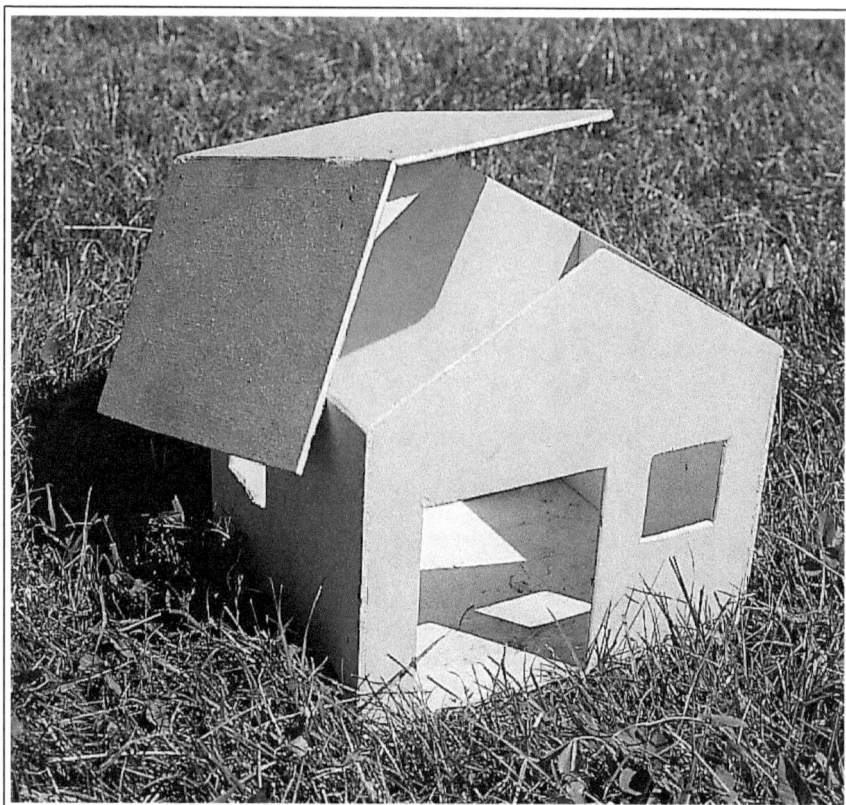

Cuidar los detalles, como el techo que se pueda abrir, puede facilitar las operaciones diarias de limpieza

suave o de lana; en algunas tiendas de animales encontraremos tejido de cáñamo especial para roedores. Evitaremos los tejidos de algodón y sintéticos, ya que podría deshilarlos y, a su vez, los hilos podrían enrollarse en las patas y cortar la circulación sanguínea de nuestra mascota, como si se tratara de un torniquete. Por otro lado, el algodón, si es ingerido, puede ocasionar problemas graves de estreñimiento.

El recipiente para el baño de arena

Como veremos más adelante, una característica específica del comportamiento de la chinchilla es el hábito de revolcarse en la arena para limpiarse el manto. Por lo tanto, habrá que introducir en la jaula un recipiente para la arena. Se puede utilizar cualquier tipo de contenedor, de plástico o de metal, siempre que los bordes no sean excesivamente altos, para que pueda entrar y salir fácilmente.

Otros accesorios

En la jaula se pueden colocar otros objetos, como varillas de madera o ramas.

La chinchilla las utilizará para trepar y, sobre todo, las roerá, con

La arena para el «baño» de la chinchilla puede colocarse en cualquier recipiente, siempre que sea suficientemente amplio, de fácil acceso y sin aristas vivas

lo que trabajará la dentadura y así no dañará otras partes de la jaula. Las ramas o los listones no deberán presentar aristas que puedan causar heridas, y tendrán que estar bien sujetas para que durante las correrías nocturnas por el interior de la jaula no pueda tirarlas y hacerse daño.

Algunos vendedores aconsejan poner en el interior de la jaula un complemento sólido de sales minerales, que tiene forma de cubo o de piedra pómez. Este material contribuye al correcto desgaste de los incisivos. De todos modos, si la alimentación es correcta y completa, el aporte extra de sales minerales no es indispensable.

A diferencia de otros pequeños roedores, la chinchilla no necesita rueda o noria, característica que comparte con el conejo enano y con el cobaya.

La jaula en el entorno doméstico

Una vez descrita la casa para nuestra nueva mascota, veremos cómo debe ser el lugar adecuado para instalarla.

La colocación de la jaula dentro del hogar debe responder a criterios de bienestar y de seguridad para el animal, y al mismo

tiempo no debe ocasionar molestias.

La jaula al aire libre

Si disponemos de jardín o terraza, es aconsejable instalar la jaula en el exterior. Sin embargo, la
chinchilla no puede vivir al aire
libre todo el año. Pese a tener
una piel muy espesa, este roedor
no debe estar expuesto a una
temperatura inferior a 15 C. Por
otro lado, al tratarse de un animal
de talla muy pequeña (y por lo
tanto con mucha capacidad para
absorber calor), la chinchilla no
puede alojarse en un lugar en
donde la temperatura supere los
28 C.

La jaula sólo puede colocarse
en el exterior en primavera o en
verano, épocas en las cuales la
temperatura se encuentra dentro
de estos valores. La jaula no debe
estar nunca expuesta al sol, al
viento o a las corrientes de aire, a
no ser que tenga techo propio u
otro tipo de protección. Habrá
que controlar en todo momento
los cambios bruscos de temperatura.

Un último elemento de gran
importancia es la seguridad: la
jaula no debe ser accesible a otros
animales domésticos o salvajes
(gatos, perros y aves predadoras,
sobre todo). Incluso aunque no
puedan romper la jaula o entrar
en ella, su simple presencia o sus
tentativas de agresión podrían
causar un grave estrés a la chinchilla, que se vería acorralada en
la jaula sin ninguna posibilidad
de escapar.

La jaula en casa

En caso de no disponer de terraza
o de jardín, la jaula puede instalarse perfectamente en casa. Pero,
¿cuál es el mejor lugar?

La solución ideal sería colocar
la jaula de la chinchilla en una
habitación luminosa y aireada,
donde no se originen corrientes
de aire cuando se abran las venta-
nas.

Las dimensiones de la jaula
deberán permitir que se realicen
fácilmente las operaciones de
limpieza.

Es conveniente que el suelo
sea lavable; el parqué y la mo-
queta no son demasiado apropia-
dos para las jaulas de chinchilla,
porque, a pesar de que estas
cuentan con un cajón inferior,
pueden caer alimentos, excrementos y mechones de pelo.

El lugar elegido para colocar
la jaula deberá adaptarse a las

características del animal que vive en ella. No la instalaremos en el centro de una sala, como podríamos hacer con un acuario, sino que buscaremos un emplazamiento más discreto, con uno de los lados largos contra una pared. Esta disposición, especialmente si no hay caseta, es fundamental para la chinchilla, que debe sentirse protegida, sin estar a la vista de todo el mundo por los cuatro lados. Ya veremos que nuestro pequeño amigo elegirá el rincón más resguardado para reposar.

PUNTOS DE LA CASA
INADECUADOS

No es aconsejable instalar la jaula en la cocina, no sólo por razones higiénicas obvias, sino también porque los vapores procedentes de la cocina o las pequeñas fugas de gas de los hornillos podrían perjudicar mucho al animal.

Tampoco debe colocarse próxima a fuentes de ruido o de vibraciones, como por ejemplo los altavoces o el televisor.

La humedad no debe ser demasiado elevada, lo cual significa que las despensas, bodegas y garajes tampoco suelen ser lugares adecuados.

Finalmente, tampoco es un lugar adecuado la habitación de dormir, ya que la actividad predominantemente nocturna del animal puede interrumpir el sueño de cuantas personas duerman en ella.

PUNTOS DE LA CASA
ADECUADOS

Las mejores habitaciones para instalar la jaula en el interior de un piso son el recibidor o un pasillo, siempre que sean suficientemente luminosos; un salón que no esté amueblado con excesivo lujo; el baño, con la condición de que tenga salida de vapores y que las salpicaduras de la ducha no lleguen a mojar la jaula. Una buena solución puede ser montar la jaula con ruedecitas para poder desplazarla de una habitación a otra según las necesidades.

Limpieza de la jaula

La jaula y los accesorios necesitan una limpieza periódica. La higiene es importante para evitar enfermedades que puedan ser contagiadas a la chinchilla o a nosotros mismos, para evitar malos olores en casa, y también para evitar que la jaula se deteriore.

La limpieza diaria sólo requiere unos minutos y un mínimo esfuerzo.

Para efectuarla, retiraremos el cajón inferior y vaciaremos el sustrato; lo lavaremos, lo secaremos y pondremos una capa de sustrato limpio.

El lavado debe efectuarse todos los días, porque la orina de los roedores, que en cantidades muy pequeñas puede depositarse en el fondo del cajón, es muy rica en sales minerales y forma incrustaciones muy difíciles de eliminar.

Cuando se limpia el cajón es muy importante observar el aspecto y la consistencia de los excrementos, que son un indicador de la salud de la chinchilla. Las alteraciones pueden señalar la aparición de enfermedades intestinales.

Si la jaula posee una o varias plataformas lisas, habrá que limpiar la superficie de todas ellas de restos de comida o excrementos. También habrá que limpiar la caseta.

Es importante efectuar la limpieza siempre a la misma hora. La chinchilla se acostumbrará a esta operación y no experimentará grandes molestias.

La jaula puede limpiarse por la mañana o por la tarde. Normalmente, por la mañana la chinchilla está más calmada y adormecida, y sentirá menos las molestias ocasionadas. Sin embargo, como resulta más conveniente suministrarle la comida por la noche, podemos aprovechar este momento para realizar las dos operaciones; así, el alimento se suministrará justo después de la limpieza, con lo que se garantizará una mayor higiene.

La limpieza del interior de la jaula se puede llevar a cabo haciendo salir a la chinchilla, o dejándola dentro. Indudablemente, la mejor solución es la primera, porque así nuestros gestos y el desplazamiento de los accesorios no la asustarán. Lógicamente, los accesorios tienen que ser lavados. El bebedero merece una atención especial: es frecuente que en el fondo o bien en la cara interna, en el caso de que se trate de un bebedero cilíndrico, se forme moho, apreciable a simple vista en forma de puntos marrones o verdes. Estos puntos deben eliminarse cuidadosamente, y el contenedor debe ser esterilizado mediante ebullición.

El lavado de las estructuras de soporte de la jaula y de las paredes de reja tiene que efectuarse una vez cada dos o tres meses, preferiblemente sin utilizar detergentes. Una máquina generadora de vapor a 100 C permite una limpieza y una esterilización totalmente satisfactorias y seguras.

Carácter y comportamiento

Quien crea que la chinchilla no es más que un animalito curioso, que se tiene para observarlo o para acariciarlo y apreciar la suavidad de su magnífica piel, incurrirá en un grave error. La chinchilla es un animal muy especial, comparado con el resto de los roedores domésticos. Es cierto que tiene muchas similitudes con el conejo enano, pero presenta muchas características en cuanto a carácter y comportamiento que la hacen única.

La chinchilla es, utilizando el término más tradicional, el roedor doméstico más «inteligente». Su memoria es muy especial, en comparación con el resto de roedores: es capaz de recordar lugares y situaciones durante un periodo de varios días, y adopta comportamientos que van más allá del «reflejo condicionado», es decir, de la pura y simple repetición.

LA «INTELIGENCIA» DE LOS ANIMALES

A menudo, cuando nos referimos a determinados animales, utilizamos un adjetivo para definir el comportamiento y las aptitudes que muestra una especie: inteligente. *Este término es impropio, ya que ninguna especie animal, a excepción de algunos simios, está dotada de inteligencia propiamente dicha.*

Por inteligencia se entiende la capacidad de memorizar, elaborar, elegir y poner en práctica experiencias y comportamientos por iniciativa propia.

Sin embargo, todos los animales domésticos poseen características comportamentales, instintivas o condicionadas, que les permiten interrelacionarse con el hombre de manera más o menos activa. En líneas generales, la mayor parte de especies de roedores no poseen la capacidad de relacionarse con el hombre, y no tienen capacidad de imitación.

Por esta razón, se considera que los roedores no son animales «inteligentes» y que, si se tienen en casa, el vínculo que se establece con ellos es «inferior» al que se establece con un perro o un gato. La chinchilla, por los motivos expuestos en este apartado, constituye una excepción.

La chinchilla no suele morder, a no ser que esté muy asustada. Si esto ocurre, se puede percibir un olor bastante intenso, emanado por las glándulas odoríferas perianales, que constituye la respuesta instintiva contra un enemigo potencial.

A veces el animal se alza sobre las patas posteriores y lanza pequeños chorros de orina con los que intenta llegar al adversario.

No es agresiva, aunque a veces puede mostrar un comportamiento especial: si teme ser molesta-

La expresión de esta chinchilla nos da a entender que se trata de un animalito muy vivaracho e inteligente

da, emite un chillido parecido a un gemido rítmico que suena como «haw-haw-haw». Este sonido también lo utiliza como reclamo de la pareja. Además de este sonido, también emite unos chillidos breves y agudos más típicos. A diferencia del cobaya o del conejo, no silba.

Las chinchillas son animales muy limpios. No sólo se limpia constantemente el pelaje y se da el característico baño de arena, sino que instintivamente evita ensuciarse con los excrementos y, para orinar, escoge un rincón muy concreto, siempre en el suelo de la jaula.

Las horas de actividad

La chinchilla es un animal predominantemente nocturno; si bien se le puede ver en acción a cualquier hora del día, es especialmente activa por la noche. De día se ve más somnolienta, sobre todo por la mañana; al anochecer, se muestra más vivaz y se mueve incesantemente: corre, salta y roe el interior de la jaula. Por este motivo, no es aconsejable dejarla en libertad durante la noche. Durante las horas nocturnas es cuando se alimenta.

Salidas de la jaula

Cuando mejor se aprecia el comportamiento característico de la chinchilla es durante sus paseos fuera de la jaula. Por muy a gusto que se encuentre dentro de su «prisión», también siente el deseo de salir de ella. Para comprobarlo, sólo tenemos que dejar una portezuela abierta, y veremos cómo no tarda demasiado en salir.

Primero observará todo lo que la rodea, y seguidamente buscará un lugar cubierto en donde pueda protegerse. El lugar preferido es, por ejemplo, entre la pared y un mueble; allí logra ponerse en posición vertical, muy aplanada, y es capaz de mantenerse así durante horas. Resulta curioso el hecho de que, aunque la soltemos en distintos puntos de la casa, la chinchilla se esconde siempre en el mismo lugar que había elegido el primer día, y sabe encontrarlo en un abrir y cerrar de ojos.

Gracias a sus largas extremidades posteriores y al peso relativamente ligero, es un animal extraordinariamente ágil. Corre como un canguro, saltando graciosamente con las patas traseras, que le permiten efectuar saltos de incluso un metro de altura. Cuando corre en un espacio abierto es prácticamente inalcanzable, motivo por el cual deberemos tenerla en todo momento bajo control durante los paseos fuera de la jaula.

La chinchilla puede introducirse en cualquier orificio, fisura o escondrijo. En casa hay que vigilar que no se meta en los sanitarios, en los cajones o en la lavadora, y que no salte desde un balcón o una terraza. Su curiosidad es tan grande que le hace correr ciertos peligros.

Cómo se maneja una chinchilla

Observar una chinchilla brincando por el interior de la jaula o correteando fuera de ella es un espectáculo de interés garantizado. Y todavía resulta más fascinante poder tener en las manos un animal tan

La curiosidad y agilidad de la chinchilla le permiten llegar a cualquier lugar. Por lo tanto, deberá ser una «libertad vigilada»

parecido a un peluche, y poder acariciar su suave piel y mimarlo como haríamos con un gatito o con un conejillo.

La chinchilla es un animal ágil, bullicioso y de carácter muy vital, que instintivamente no se deja atrapar, y cada vez que alguien quiere cogerla, intenta huir con grandes saltos. Esto no significa que no sea un animal manso, porque una vez en la mano, se deja acariciar y permanece tranquilo.

Para intentar atraerla y acostumbrarla a nuestra mano, podemos ofrecerle un poquito de comida. Para ello, utilizaremos un alimento que le guste mucho, como por ejemplo los frutos secos, y sobre todo, las uvas pasas.

Resulta muy divertido ver el cambio que experimenta su comportamiento, habitualmente esquivo, y cómo acude corriendo para comerse la golosina que se le ofrece.

Para atraer a la chinchilla debemos ganarnos su confianza ofreciéndole un grano de uva

Teniendo en cuenta su carácter temeroso y esquivo, la chinchilla debe cogerse y manipularse con cuidado. Para capturarla, colocaremos la palma de la mano en su dorso, rodeando delicadamente el tórax.

Si la sujeción es buena, la chinchilla se inmoviliza y se deja coger. En cambio, si la mano que la sujeta titubea, el animal se revolverá y perderá varias mechas de pelo, tal como prevé su mecanismo de defensa.

Como consecuencia, el manto se verá deteriorado y pueden transcurrir incluso un par de meses antes de que vuelva a cre-

Si no sujetamos correctamente a la chinchilla, puede ocurrir que se nos queden mechones de pelo en las manos, con el consiguiente empobrecimiento del manto

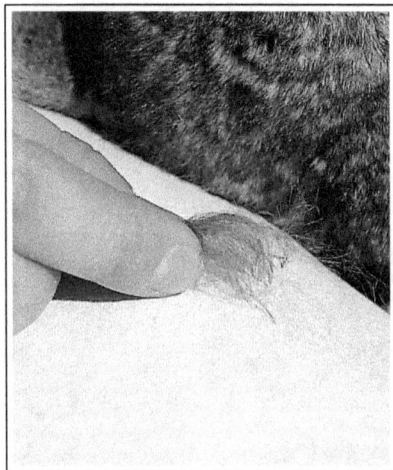

cer. Esto no significa tampoco que debamos preocuparnos excesivamente si nos quedan algunos pelos superficiales entre los dedos. Para evitar la caída del pelo, los criadores que orientan la cría de la chinchilla a la producción de pieles sujetan el animal por la base de la cola. Nosotros no haremos esto nunca porque, en primer lugar, el animal podría sentir dolor, y, por consiguiente, podría reaccionar mordiendo.

Tampoco deberemos agarrar la chinchilla por las orejas, ni por las patas posteriores, puesto que, al intentar liberarse de una presión molesta, la chinchilla podría lesionarse de gravedad, por ejemplo produciéndose una fractura.

Una vez levantada, la chinchilla tiene que sujetarse con las dos manos. Una mano debe rodear el tórax, pasando por debajo de las patas anteriores, mientras que la otra sostiene la grupa o sirve de base de apoyo para las patas posteriores.

No debemos efectuar movimientos bruscos, y tendremos presente que si la chinchilla se siente bien sujeta y segura, permanecerá quieta y tranquila. En cambio, si nota que el equilibrio es precario, intentará escapar. Siempre estaremos preparados

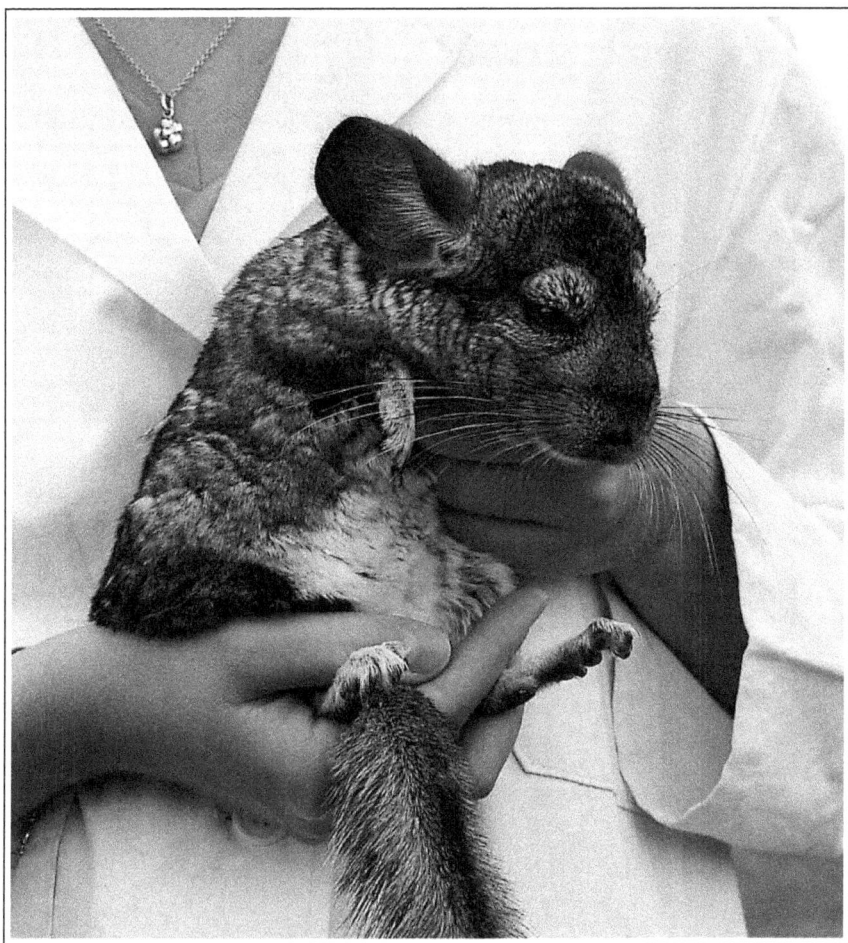

Este es el modo correcto de sujetar una chinchilla

para una reacción imprevista del animal. Al cabo de un tiempo, cuando haya adquirido un poco de confianza, nuestro pequeño roedor se dejará coger sin miedo y se dejará acariciar gustosamente.

La chinchilla y los demás animales domésticos

La chinchilla no debe ser puesta en contacto directo con otros animales domésticos, como perros, gatos o hurones, para los cuales

LA CHINCHILLA Y LOS NIÑOS

*Una chinchilla es probablemente el sueño de cualquier niño. Es compara-
ble a un peluche, pero mucho mejor; no puede considerarse un muñeco:
está vivo, caliente y es suave. Es un compañero de juegos infatigable. Es un
animal limpio, que no contagia enfermedades peligrosas aunque se tenga
cerca del rostro —¿quién puede resistirse a acercárselo a la mejilla?—. No
huele mal, no muerde y no araña.*

*La chinchilla
debe manejarse
con mucha
suavidad, y reac-
ciona cuando se
aprieta excesiva-
mente. Por esto no
resulta apta para
niños menores de
3 años. Entre los 3
y los 6 años, es
aconsejable que
un adulto vigile al
niño y al animal.
La chinchilla es
adecuada para
niños en edad es-
colar, siempre
que los padres se-
pan que deberán
colaborar en las
operaciones de
cuidado diario y
en la limpieza de
la jaula. Digamos,
por último, que un
chico de 10 años
es perfectamente
capaz de cuidar él
solo de una chin-
chilla.*

Las chinchillas son la
pasión de los niños

es una presa ideal. El aspecto de este pequeño roedor y su característico movimiento representan una atracción irresistible, incluso para el animal más manso.

Aunque parezca extraño, los perros sienten más curiosidad por la chinchilla que los gatos, y, queriendo jugar, pueden herirla o matarla.

En algunas tiendas de animales se pueden observar combinaciones de cobayas y conejos enanos en una misma jaula. La chinchilla, en cambio, no puede compartir la jaula con otras especies de roedores, porque se podrían originar conflictos que acabarían en mordeduras graves.

Nada impide tener en la misma habitación otros animales de jaula, incluidos los pájaros, a excepción de loros o cotorras, excesivamente ruidosos, que podrían asustar a las chinchillas con sus silbidos.

El baño de arena y el cuidado del manto

Una característica propia de la chinchilla, que no se da en ninguna otra especie de roedor, es el instinto de revolcarse en la arena o en el polvo. Esta costumbre suele llamarse *baño de arena*. Observar cómo lo hace es divertido, y en algunas ocasiones es el motivo principal por el cual se elige como animal de compañía.

El resultado de esta operación es que la piel se mantiene suave, blanda y seca. Dado que lógicamente la chinchilla no se preocupa por su belleza personal, esto nos demuestra lo importante que es para este animal conservar siempre la piel en óptimas condiciones.

Los granos de arena absorben perfectamente la humedad del manto y mantienen los pelos separados, con lo cual se evita la formación de nudos. Además, ejercen una fricción en la piel muy útil, porque favorecen la renovación de las capas más superficiales. También constituye una diversión irresistible para este animal de comportamiento tan activo: apenas ve la arena, experimenta una atracción irresistible y se mete en el recipiente.

Inmediatamente empieza a rascar el fondo con las patas anteriores, como si excavara, y luego, de pronto, a una velocidad fulminante, se revuelca sobre sí misma, realizando tres o cuatro rotaciones sobre la espalda y sobre el vientre, sin moverse del sitio. A continuación, se toma una bre-

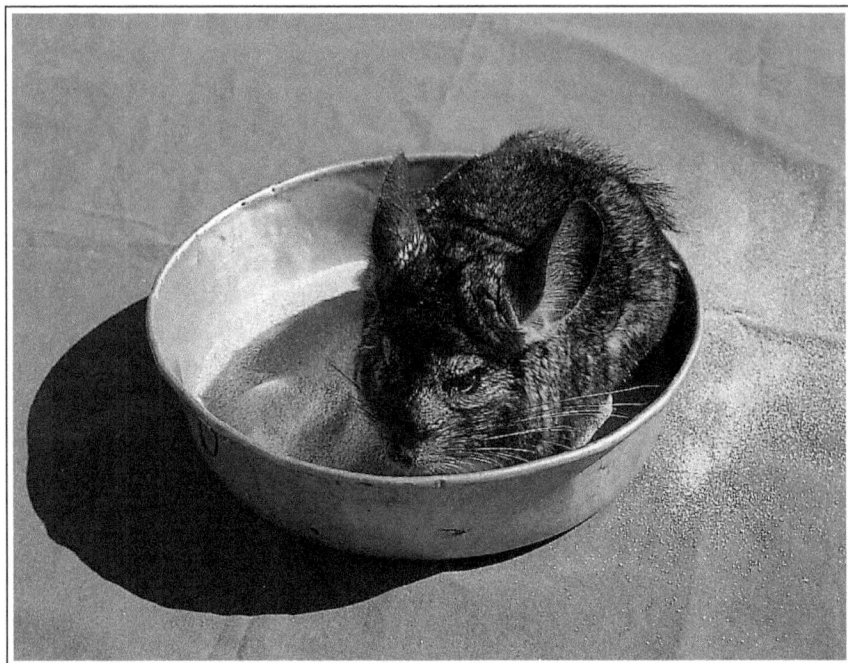

Esta chinchilla se dispone a tomar su baño de arena...

ve pausa, y se revuelca de nuevo. Al cabo de un rato sale del recipiente, se sacude el manto para sacarse de encima el exceso de arena y prosigue con su actividad habitual.

Es conveniente que la bañera no esté siempre a disposición del animal, porque podría bañarse demasiado a menudo, y al cabo de un tiempo perdería el interés por hacerlo, o bien podría utilizar el contenedor para hacer sus necesidades y luego revolcarse en la arena con orina.

El material adecuado

Se llena con un poco de arena un recipiente que debe tener las características ya descritas en el apartado referente a los accesorios de la jaula.

La arena tiene que ser muy fina y deberá estar siempre completamente seca.

No hay una arena específica para la chinchilla; mientras sea fina, cumplirá perfectamente con la función, y se puede comprar en los comercios especializados.

... y se revuelca vertiginosamente dentro de la cubeta

A decir verdad, lo que más gusta a la chinchilla es la grava un poco más gruesa, como por ejemplo el sustrato para pequeños roedores, las virutas o la arena para gatos, pero estos materiales no deben utilizarse nunca porque podrían dañar la piel o el manto.

Tampoco hay que emplear polvos de talco, ya que el animal podría inhalarlos, con los consiguientes problemas pulmonares. Además, el olor del talco podría confundir el olfato del roedor y causarle un notable malestar. El recipiente con arena tiene que ser introducido en la jaula una vez al día o cada dos días, y se retirará cuando el animal haya cesado de revolcarse.

En algunos modelos de jaula, el contenedor de arena está fijado en la parte exterior, y se accede a él desde el interior a través de una portezuela de guillotina. Accionando una palanca, sube la portezuela y la chinchilla se zambulle inmediatamente en la arena. Este dispositivo suele ser utilizado habitualmente por los criadores que poseen muchas chinchillas, y sirve para reducir el tiempo dedicado al mantenimiento de los animales.

El cuidado del manto

Además del baño de arena, gracias al cual la chinchilla mantiene su piel en buenas condiciones, su manto requiere unos cuidados diarios. Estos, sin embargo, son muy sencillos, y consisten en peinar el pelaje con un peine de púas estrechas o con un cepillo pequeño para gatos.

De este modo, se evita la formación de nudos y se elimina el pelo muerto.

No hace falta bañar a la chinchilla. Incluso en verano, secarla nos llevaría mucho tiempo, y su delicado pelo podría verse dañado o caer a mechones; el ruido y el calor del secador le molesta mucho, y el contraste térmico puede hacer que el animal se resfríe o incluso padezca una pulmonía.

Para mantener la chinchilla en perfecto estado hay que cepillarla cada día

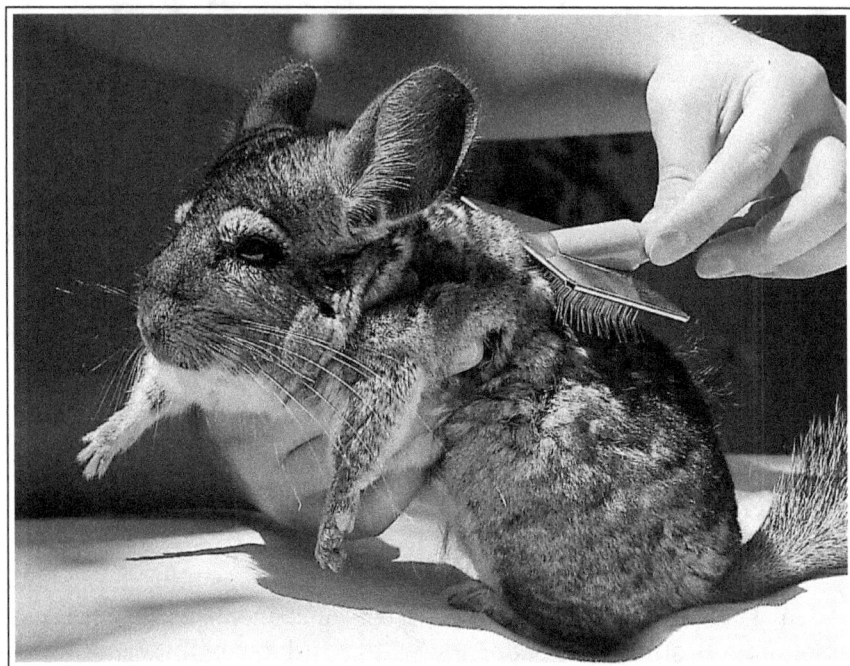

Los medios de transporte

Como ya hemos dicho anteriormente, transportar una chinchilla significa causarle un estrés nada desdeñable. Por este motivo, sólo deberá ser transportada en caso de absoluta necesidad y en las mejores condiciones. Si la capacidad del automóvil lo permite, es aconsejable llevar la jaula con la chinchilla dentro. Si no es posible, podemos utilizar una jaula para gatos o una jaula para cobayas y conejos enanos.

El automóvil es el mejor medio de transporte; los viajes en autobús o en tren no son tan confortables, y generan más estrés al animal. La temperatura del habitáculo no debe superar los 30 C, y no debe haber corrientes de aire (es decir, ventanillas abiertas). Si el coche carece de aire acondicionado, el transporte de la chinchilla en verano es problemático y un poco arriesgado, porque el animal puede sufrir un golpe de calor. En estas circunstancias, es aconsejable que los desplazamientos sean lo más breves posible, y que tengan lugar de noche o, en cualquier caso, en horas de poco calor.

Dadas las especiales características y exigencias del animal, hay que desestimar por completo la posibilidad de utilizar un mensajero o terceras personas que no conozcan el modo de vida de este roedor.

Las vacaciones

En caso de ausencia prolongada, por ejemplo en las vacaciones de verano, tendremos que encontrar una pensión para la chinchilla, aunque antes habremos valorado la posibilidad de que el animalito nos acompañe. Esta sería la mejor solución, pero con la condición de que se cumplan estos tres requisitos:

- el lugar de residencia elegido para las vacaciones ha de ser una casa particular;
- el viaje no debe ser excesivamente largo, y debe estar carente de riesgos para el animal;
- será posible transportar la jaula o, como alternativa, dispondremos de una jaula igual en el destino.

Si no se pueden satisfacer estas tres condiciones, habrá que optar por otra solución más adecuada. Las posibilidades son dos: una pensión para animales, o confiar la chinchilla a algún familiar o amigo. A menudo las tiendas especializadas ofrecen servicios de pensión para pequeños roedores. En tal caso, tendremos que averiguar si en dicho servicio se hacen cargo de una chinchilla y, en caso de respuesta afirmativa, si estarían dispuestos a cumplir nuestras indicaciones en lo que se refiere a instalación de nuestra propia jaula, suministro de comida y todas las operaciones a las que está acostumbrado el animal.

Desconfiemos de las soluciones que conlleven un cambio de jaula, utilizar una de dimensiones reducidas o el empleo provisional de jaulas destinadas a gatos. No dejemos que nuestro roedor sea instalado en un local con iluminación y aireación insuficientes. El cambio de medio provocaría un estrés, cuyo desenlace podría llegar a ser fatal.

Una solución preferible es confiar el animal a alguien de confianza. Pero hay que tener cuidado con esto: no debemos aprovechar su desconocimiento sobre la chinchilla para lograr que acepte nuestra propuesta, porque quizá luego no sabrá cómo cuidar de forma correcta al animal. Es preferible invitar a nuestra casa a la persona en cuestión para que conozca el animal y pueda ver cómo se llevan a cabo las operaciones de mantenimiento del animal y limpieza de la jaula. Probablemente, cuando regresemos de nuestras vacaciones, se habrá encariñado tanto con la chinchilla que deseará comprar una, y así podremos encontrar un compañero de juegos para nuestra mascota o una pareja para fundar una familia.

En ningún caso tomaremos la decisión de abandonar la chinchilla. Aunque la soltemos en el campo o en un bosque, nunca llegaría a ser capaz de procurarse el alimento por sí sola y no sobreviviría. En poco tiempo acabaría convirtiéndose en víctima de algún animal predador. Por otro lado, no olvidemos que abandonar o maltratar animales está penalizado por la ley.

La alimentación

La alimentación es un aspecto primordial en el mantenimiento de una chinchilla, y de todos los pequeños roedores en general. Al ser un animal básicamente herbívoro, posee un intestino ciego muy desarrollado, con una compleja flora intestinal cuyo delicado equilibrio es esencial para el buen funcionamiento del aparato digestivo.

Una alimentación inadecuada o suministrada de forma incorrecta puede alterar el aparato gastrointestinal, provocando un desequilibrio bacteriano que a veces es la causa principal y determinante de enteritis, que casi siempre tienen un triste desenlace. Como la mayor parte de roedores, la chinchilla es coprófaga,

es decir, que come sus propias heces. Este es un comportamiento totalmente natural que le permite asimilar muchos elementos nutritivos no absorbidos en el transcurso de la digestión o sintetizados en el último tramo intestinal. Sin embargo, este hábito no es tan frecuente como en los roedores de talla pequeña y en el conejo.

Alimentos adecuados para la chinchilla

La chinchilla se nutre principalmente de vegetales y de fruta.

Los alimentos más adecuados para su nutrición pueden clasificarse en tres grupos:

- alimentos secos;
- alimentos frescos;
- alimentos proteínicos.

Si la dieta incluye los tres grupos, no será necesario añadir vitaminas o minerales. La chinchilla, al contrario que el cobaya, no necesita aporte alguno de vitamina C.

Alimentos secos

Los alimentos secos suelen ser mezclas de vegetales o palitos de pienso.

Las mezclas de vegetales más comunes contienen semillas de avena, trigo, girasol, maíz, arroz, guisantes y cacahuetes desecados.

Los palitos están compuestos por mezclas de harinas de cereales desecados y prensados, y se presentan en forma de minúsculos cilindros de color gris oscuro o marrón. Se utilizan básicamente para la alimentación del conejo de criadero o de compañía, y también pueden suministrarse a la chinchilla.

Otros alimentos secos son el pan, las galletas y los frutos secos. Las nueces y las avellanas se le pueden dar con cáscara; esto es importante, porque para romper la cáscara los incisivos sufren un desgaste que les es necesario, ya que de lo contrario crecerían excesivamente.

Alimentos frescos

Debido a la elevada proporción de sustancia seca, los alimentos secos no pueden ser la única fuente nutricional, sino que deben acompañarse de alimentos frescos. Los principales son la fruta (manzanas, peras, albaricoques, plátanos, ciruelas, cerezas, fresas) y la verdura (lechuga, zanahorias, tomates, guisantes, etcétera).

No es raro oír que la alimentación con productos frescos no es aconsejable porque favorece la enteritis y la diarrea. Esto es totalmente falso, puesto que los alimentos básicos han de contener un porcentaje de agua suficiente. Por otra parte, los alimentos frescos pueden paliar una falta de agua temporal (por ejemplo, en el caso de descuido o de pequeños contratiempos que impidan beber agua a la chinchilla).

Los alimentos frescos deben suministrarse a temperatura ambiente y no fríos, ya que la ingestión de alimentos demasiado fríos y/o mojados es la causa principal de las alteraciones de la microflora bacteriana intestinal. Estos trastornos pueden causar diarrea o una intoxicación de desenlace fatal. Conviene tener la precaución de no suministrar comida recién sacada del frigorífico, porque una pequeña distracción causada por las prisas puede causar fácilmente la muerte del animal.

Alimentos proteínicos

La alimentación a base de alimentos secos y productos frescos es suficiente, pero puede ser completada con alimentos proteínicos. Los más comunes son el queso seco y la yema de huevo duro, que deben administrarse con cierta prevención y mesura, ya que pueden ocasionar serios trastornos digestivos.

La alimentación básica de la chinchilla está constituida por pienso, zanahorias, fruta y verdura

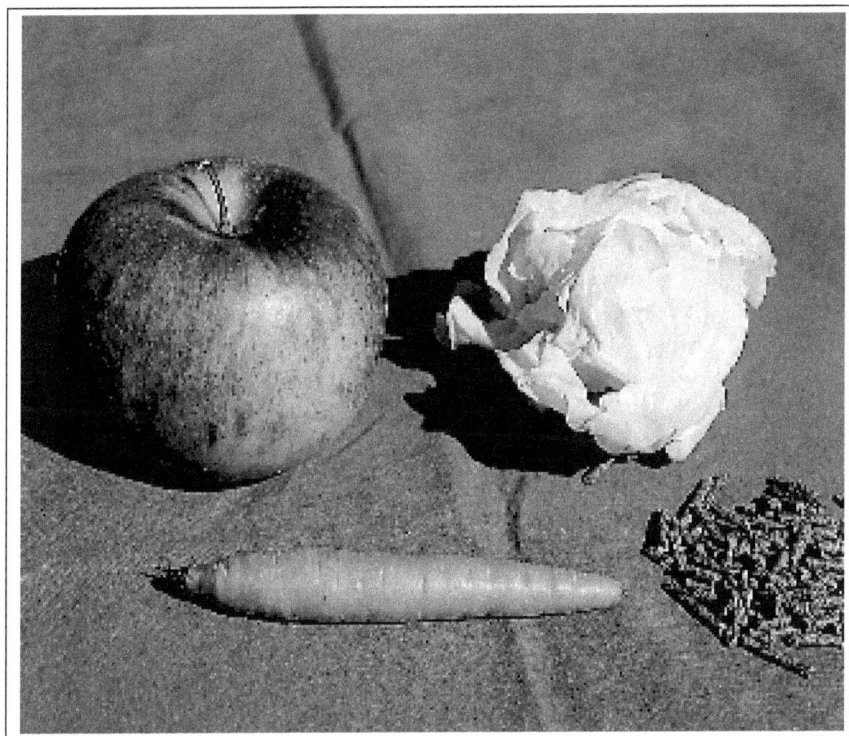

Alimentos inadecuados

Hay algunos alimentos que no pueden darse a la chinchilla, porque podrían resultar muy perjudiciales. Los más corrientes son los dulces de todo tipo, como chocolate, caramelos y helados, que contienen una cantidad de azúcar demasiado elevada que puede alterar la flora intestinal. También están prohibidos los alimentos que contienen grasas, como las pastas o algunos tipos de galletas, y productos fritos como las patatas de churrería.

Normalmente la chinchilla no se los come, porque no le gustan, pero es preferible no correr el riesgo, ya que su ingestión provoca diarrea casi siempre.

Tampoco son alimentos adecuados la carne (no importa el tipo), las setas y todos los frutos y vegetales silvestres cuyo origen no conozcamos. Asimismo, nos abstendremos de dar a la chinchilla hierbas desconocidas que consideremos «naturales» por el simple hecho de haberlas recogido en el campo.

El agua

El agua es muy importante en la alimentación de la chinchilla. La

CUADRO RESUMEN: ALIMENTOS ADECUADOS E INADECUADOS

tipo de alimento	adecuado	inadecuado
caramelos		•
carne		•
chocolate		•
fruta fresca	•	
frutos secos	•	
frutos silvestres (p.e. bayas o moras)		•
galletas	•	
galletas elaboradas con grasas		•
helados		•
mezclas de vegetales	•	
pan seco	•	
pastas		•
patatas de churrería		•
pienso en palitos	•	
quesos secos	•	
setas		•
vegetales silvestres		•
verdura	•	
yema de huevo duro	•	

ingestión insuficiente de agua podría predisponer al estreñimiento, o a un estado de deshidratación perjudicial.

El consumo de agua depende del tipo de alimentación. Si es prevalentemente seca, la cantidad de agua que tendrá que ingerir deberá ser alta; en cambio, si el animal come muchos productos frescos, beberá menos.

En todos los casos, el agua debe dejarse siempre a su disposición, y hay que cambiarla como mínimo una vez al día.

Como ya hemos dicho, el mejor recipiente es el bebedero de sifón, que no puede derramarse. Hay que tener la precaución de no cometer dos errores que, si bien pueden parecer banales, ocurren con frecuencia.

El primero consiste en situar el bebedero demasiado alto, en un lugar difícilmente alcanzable. La chinchilla en ningún caso debe tener que levantarse sobre las patas posteriores para llegar al extremo del bebedero; este debe llegarle a la altura del hocico.

En segundo lugar, hay que comprobar el funcionamiento del sifón: la bolita que hace de

Comprobaremos que el bebedero, a la altura correcta, está en una posición accesible

grifo tiene que girar libremente. A veces se forman incrustaciones de suciedad o de pelos que impiden su buen funcionamiento, o bien la esfera puede haber sido roída por la chinchilla.

La cantidad de comida

La cantidad de alimento que tendremos que suministrarle depende de una serie de factores: la edad, la talla y la actividad. Los dos primeros están relacionados entre sí, puesto que una chinchilla joven tiene una talla sensiblemente inferior a la de una adulta. La actividad depende del espacio del que disponga, del número de veces que salga de la jaula, de la edad y en particular de la actividad sexual. La hembra gestante o en periodo de lactancia constituye un caso especial, ya que necesita prácticamente doblar la cantidad de comida.

En líneas generales, un ejemplar adulto de 500 g de peso, sano, sexualmente activo y con suficiente espacio necesita cada día las siguientes cantidades:

• 15 g de alimento seco (pienso y grano);
• 50 g de alimento fresco (verdura y fruta);

• 10 g de alimento proteínico (queso, huevo duro).

Tal como puede verse, una chinchilla puede comer unos 75 g de comida al día, que equivale aproximadamente al 15 % de su peso corporal. Si tenemos en cuenta que los alimentos secos poseen una media del 80 % de sustancia seca, los productos frescos un 20 % y los alimentos proteínicos un 40 %, en el transcurso del día la chinchilla ingiere aproximadamente 25 g de sustancia seca y 50 g de agua, cantidad que debe ser completada con la ingestión suplementaria de líquido.

Estos datos son indicativos y pueden variar de un ejemplar a otro. Por lo tanto, conviene estipular la cantidad de comida que se suministra en función del consumo. Si la dosis es suficiente, al cabo de 24 horas no deberían quedar restos de comida en la jaula; en caso contrario, habría que reducir la cantidad de alimento.

Cuándo se suministra la comida

Al igual que el resto de las especies herbívoras, la chinchilla no

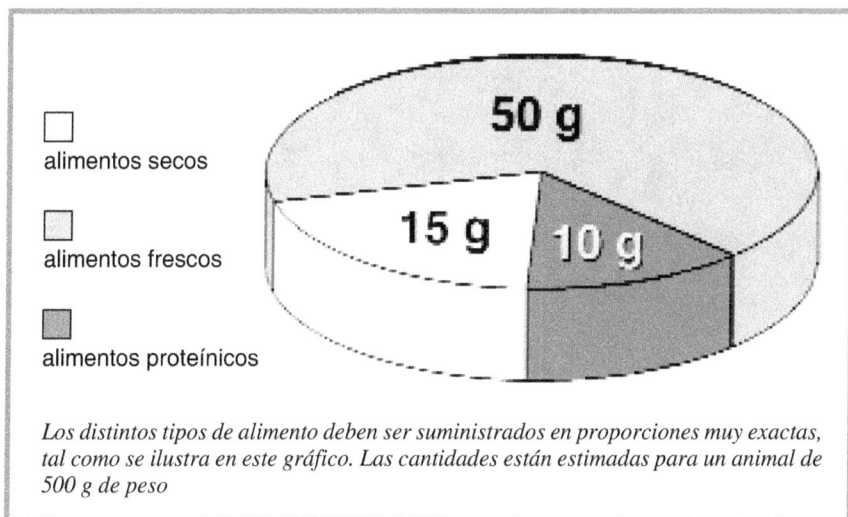

alimentos secos

alimentos frescos

alimentos proteínicos

Los distintos tipos de alimento deben ser suministrados en proporciones muy exactas, tal como se ilustra en este gráfico. Las cantidades están estimadas para un animal de 500 g de peso

se alimenta siempre a la misma hora, sino que come a lo largo de las 24 horas del día. Por lo general, suele comer más por la tarde y por la noche, momentos en los que se muestra más activa y vivaz.

Es aconsejable ponerle la comida siempre a la misma hora, para que el animal se acostumbre a unos horarios. Tal como hemos dicho cuando nos referíamos a la limpieza de la jaula, es conveniente efectuar estas dos operaciones simultáneamente, para «molestar» una sola vez a nuestra mascota. Esta medida es especialmente importante cuando se trata de una hembra gestante.

Los alimentos frescos, como la fruta y la verdura, se suministrarán preferentemente por la tarde para que sean consumidos inmediatamente y no sufran deshidratación.

Los bocaditos fuera de horas

Un tratamiento especial merecen los alimentos que definimos como *bocaditos*, que son, en líneas generales, los que el propietario utiliza para atraer a la chinchilla y ganarse su confianza.

Es importante no darle demasiada comida fuera de horas,

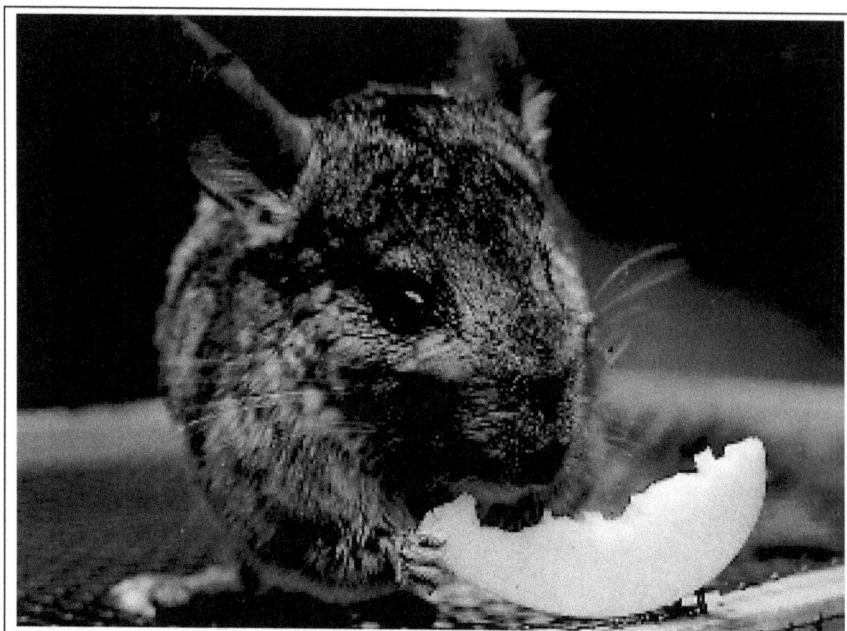

Un trozo de manzana siempre es bien aceptado por la chinchilla; preferiblemente se lo daremos al final del día, momento en que el animal es más activo y puede consumirlo más rápidamente

ya que se podría alterar su apetito y se le ocasionarían importantes trastornos en el metabolismo.

En definitiva, además de dosificarse, los bocaditos deberían seguir unos horarios preestablecidos, para no alterar los ritmos digestivos.

El cambio de alimentación

En los animales herbívoros, la digestión se produce gracias a la acción combinada de un conjunto de bacterias (la denominada *microflora intestinal*) que disuelven los alimentos una vez que han sido procesados.

Esta combinación de bacterias se mantiene en un equilibrio bastante frágil, ya que aumenta o disminuye según el tipo de alimento consumido.

Por esta razón, un cambio radical de la dieta puede causar un grave desequilibrio que se manifiesta con diarrea (debida en bastantes casos a la salmonelosis, a la que la chinchilla es muy propensa). Una regla fundamental para alimentar correctamente a la chinchilla es no cambiar nunca la comida o uno de los ingredientes. Toda modificación debe ser lenta y gradual. Al efectuar la compra del animal, es muy importante informarse sobre la dieta que ha seguido hasta ese momento. Por ejemplo, si ha sido alimentado exclusivamente con pienso, la fruta y la verdura deberán irse introduciendo gradualmente en la dieta, para evitar problemas de rechazo. Esto mismo debe ser tenido en cuenta cuando se confía su cuidado a otras personas (por ejemplo durante las vacaciones).

La alimentación asistida

La alimentación asistida es un tipo de alimentación especial. Es posible que tengamos que recurrir a ella porque, en caso de enfermedad, el síntoma que aparece con más frecuencia en la mayor parte de los roedores es la anorexia. Cuando la chinchilla enferma, deja de alimentarse; esta circunstancia es muy grave, por varios motivos: en primer lugar, conviene recordar que las necesidades de alimento de un animal de talla pequeña son proporcionalmente mucho más elevadas que las de un animal de talla mayor, ya que carece de un volumen de reservas que le permita paliar las carencias alimentarias con lo cual una chinchilla no puede permanecer días en ayunas, como haría sin excesivos problemas un perro o un gato; en segundo lugar, las terapias de soporte que estipula el veterinario durante el ayuno sue-

---

ERRORES MÁS COMUNES EN LA ALIMENTACIÓN DE LA CHINCHILLA

- *Suministrarle alimentos inadecuados, especialmente chocolate, pastas, helados, caramelos, patatas fritas, galletas elaboradas con grasas o carne.*
- *Suministrarle alimentos adecuados, pero a distintas horas.*
- *Ofrecerle bocaditos con demasiada frecuencia.*
- *Suministrarle alimentos demasiado fríos, recién sacados de la nevera.*
- *Dejar el animal sin agua.*
- *Cambiar bruscamente la dieta.*

PREPARACIÓN DE LA COMIDA PARA LA ALIMENTACIÓN ASISTIDA

Ingredientes
- 1 zanahoria
- 1/4 de manzana
- 1 hoja de lechuga
- 1 puñado de palitos de pienso
- complejo polivitamínico

Preparación

Se corta en trocitos pequeños la zanahoria, la manzana y la lechuga, y se pasa por el molinillo para obtener un puré semilíquido.

Se machacan cuidadosamente los palitos de pienso en un mortero, hasta obtener una especie de harina en la que los trozos más grandes no sean mayores que medio grano de arroz.

A continuación, se incorpora esta harina al puré de fruta y verdura, y se pasa de nuevo por la batidora, añadiendo agua para lograr una papilla homogénea.

Esta papilla puede conservarse durante 24 horas en el frigorífico.

len ser poco eficaces en estos animales.

Lo más importante en un animal herbívoro es que se asegure el buen funcionamiento del estómago y del intestino, ya que, de lo contrario, podría originarse una diarrea que empeoraría el estado del animal. Habrá que recurrir a la alimentación asistida en caso de ayuno o de alimentación insuficiente. Para ello, habrá que elaborar una papilla según se indica en el cuadro de esta página.

La papilla contiene todos los elementos indispensables, incluida la fibra, y puede suministrarse sin que la chinchilla tenga que masticar. Según el estado del animal, la papilla puede suministrarse con una cucharilla, o puede introducirse directamente en la boca con una jeringuilla sin aguja. Con este tipo de alimentación es normal que los excrementos sean un poco más blandos, pero en ningún caso serán semilíquidos o líquidos, signo de enteritis.

Suministro

A una chinchilla adulta, en ayunas, hay que darle cada 6 u 8 horas unos 10 ml de papilla, que previamente habremos calentado a temperatura ambiente y a la que habremos añadido 3 o 4 gotas de complejo vitamínico.

Para evitar la destrucción de las vitaminas, estas se añadirán en cada toma.

La papilla debe ser suministrada con una cucharilla o con una jeringa.

La reproducción

Determinación del sexo

La determinación del sexo de los roedores no es simple e inmediata, debido a la particular conformación de los órganos genitales. A los ojos de un inexperto, todas las chinchillas parecen hembras. Esta impresión se debe al hecho de que esta especie, perteneciente al suborden de los histricomorfos, tiene los genitales externos de forma distinta a los otros dos subórdenes de roedores (esciúridos y miomorfos). Los roedores histricomorfos no presentan un escroto propiamente dicho, sino un pliegue genital muy abundante, que puede confundirse con la vulva.

Para conocer con exactitud el sexo de una chinchilla no es suficiente con la observación, sino que es necesaria la palpación.

Los ejemplares de sexo masculino deben presentar, naturalmente, el pene y los testículos, pero estos órganos no son muy fáciles de apreciar. Generalmente, los testículos del macho, al igual que ocurre en las restantes especies de roedores, son de dimensiones considerables en proporción con las dimensiones corporales, aunque muchas veces no son visibles porque, tal como ocurre en los conejos, tienen la característica de poder desplazarse del escroto al interior de la cavidad abdominal y viceversa.

Especialmente en los ejemplares muy jóvenes, los testículos

pueden tener unas dimensiones reducidas y también puede ocurrir que todavía no se hayan desplazado al escroto. Por otra parte, la posición de los testículos puede estar condicionada por el nivel de llenado del intestino. La posición horizontal supina en la que colocamos la chinchilla para observarla también puede ser un motivo de retracción de los testículos al interior de la cavidad abdominal. En definitiva, la simple observación del escroto no basta para comprobar la presencia de testículos. Cuando los testículos no son visibles, o si existen dudas sobre su presencia, para favorecer su colocación en el interior del escroto hay que ejercer una delicada presión en la parte inferior del abdomen y en la región inguinal. Sin embargo, en alguna ocasión, si el ejemplar es muy joven o tiene el manto muy tupido, la identificación de los testículos puede resultar imposible, muy difícil o dudosa.

Genitales externos del macho. El pene es visible en la parte alta, bien distanciado del orificio anal

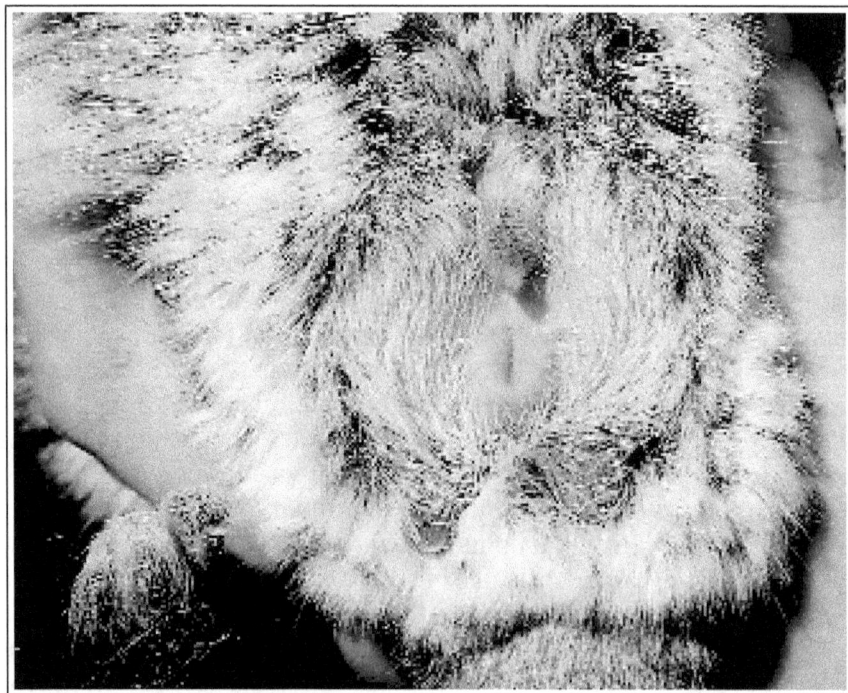

En este caso, habrá que identificar el pene.

Este órgano tiene forma cónica y está localizado encima de los testículos. Sin embargo, debemos tener en cuenta que los roedores hembras tienen el clítoris muy desarrollado, hasta el punto que puede confundirse con el pene. En caso de duda habrá que efectuar una ligera presión con los dedos en la punta del supuesto prepucio para extraer el glande y poder identificar el sexo con total certeza. Evidentemente, un sujeto en el que no se hayan podido identificar los testículos, ni el prepucio, ni el pene se clasificará como hembra.

Fisiología de la reproducción

Dado que la chinchilla es un roedor bastante longevo, tanto los

Genitales externos de la hembra. En comparación con el macho, el meato urinario está mucho más próximo al orificio anal. Además, no existe la protuberancia que en el macho provoca la presencia de los testículos

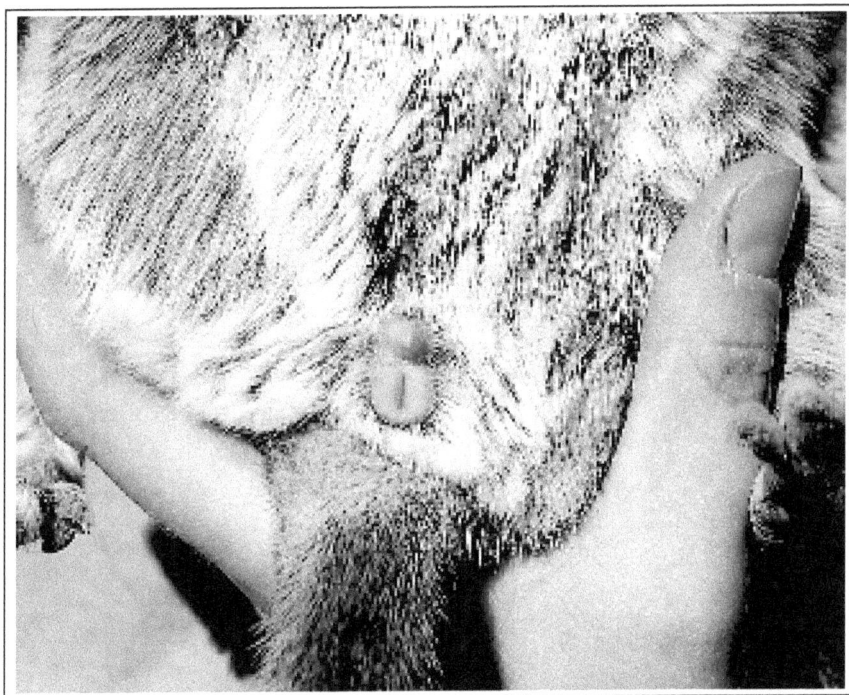

machos como las hembras alcanzan la madurez sexual hacia los 6-8 meses, una edad bastante avanzada en comparación con los otros pequeños roedores.

Al igual que todas las especies de roedores pertenecientes al suborden de los histricomorfos, la chinchilla no es muy prolífica y se caracteriza por tener un periodo de gestación bastante largo; tras un periodo de gestación de tres meses y medio aproximadamente (111 días) nacen dos o tres cachorros. Como se puede deducir, el primer parto no tiene lugar antes del año de vida.

En realidad, en estado natural puede tener de uno a seis cachorros, pero en cautividad la reproducción de esta especie es bastante difícil, y el promedio de nacimientos es de dos por camada. Cuando son tres, es muy probable que uno de ellos no sobreviva y, en cualquier caso, la mortalidad de los neonatos puede alcanzar el 50 %.

El bajo índice de reproducción de la chinchilla se confirma por el número de mamas, que es de tres pares, aunque sólo uno de ellos, en posición inguinal, está más desarrollado. Este es un signo de que solamente uno o dos cachorros podrían sobrevivir en cada parto.

Dado que una chinchilla hembra puede parir dos veces por

PARÁMETROS FISIOLÓGICOS REFERENTES A LA REPRODUCCIÓN	
Duración media de la vida:	8-10 años
Peso del macho adulto:	500-800 gramos
Peso de la hembra adulta:	400-500 gramos
Pubertad en el macho:	7-8 meses
Pubertad en la hembra:	6-7 meses
Duración de la gestación:	111 días
Peso al nacer:	50-70 gramos
Número por camada:	1-3
Dientes:	ya están presentes al nacer
Pelo:	ya está presente al nacer
Ojos:	ya están abiertos al nacer
Destete:	lactancia 3-4 días; luego, de 2 a 6 meses

año, un ejemplar que sea capaz de dar a luz y de destetar una media de tres pequeños al año será un excelente reproductor. De todos modos, la media se sitúa en dos cachorros por año.

La formación de la pareja

Para la reproducción de la chinchilla se puede aplicar el esquema pareja o el esquema harén (un macho y de dos a seis hembras). Aquí no nos referiremos a la segunda opción, porque es propia de la cría intensiva.

Es conveniente evitar la formación de una pareja constituida por dos hermanos nacidos en la misma camada y que hayan crecido juntos, no sólo por aspectos relacionados con la consanguinidad, sino porque podría ocurrir que los animales no llegaran a aparearse. Esto se debe a la iden-

tidad ambiental común, en la que el hecho de compartir olores, alimentación y costumbres podría anular todo instinto de reproducción. Esta circunstancia no constituye una regla fija, pero también se da en otras especies de pequeños roedores.

Por lo general, es preferible buscar el apareamiento de dos ejemplares de la misma edad, ya que en caso contrario el animal más anciano podría adoptar un comportamiento agresivo con el más joven. Debido a que los machos pueden reproducirse a edades muy avanzadas, incluso a los 8-10 años, ocurre a menudo que una chinchilla anciana se utiliza para el apareamiento. En caso de que no tolerara las primeras aproximaciones especialmente exuberantes de una hembra joven en el primer celo, las consecuencias podrían ser lesiones graves causadas por mordeduras. Sin

LA JAULA PARA EL HARÉN

En los criaderos en donde se practica la cría intensiva, se utilizan jaulas especiales para el apareamiento, con compartimientos individuales destinados a cada una de las hembras y un túnel para el macho, que puede pasar de una a otra. Las hembras no pueden entrar en el túnel porque se les coloca un pequeño collar, parecido a los collares isabelinos utilizados en perros o gatos para evitar que se rasquen determinadas partes del cuerpo en donde esté localizada una herida o se haya efectuado una sutura.

En esta tan bien avenida pareja de chinchillas, el macho prodiga dulces atenciones a su compañera

embargo, este riesgo es preferible a la situación inversa. En efecto, una hembra de cuatro años o más suele mostrarse muy agresiva con los machos que sean más jóvenes, y puede reaccionar con violencia a su cortejo.

Un error que se comete a veces es introducir en la misma jaula dos machos y una hembra, en un intento de aumentar las probabilidades de apareamiento. Esta práctica es totalmente desaconse-

jable, porque la rivalidad por el territorio y por la hembra originaría con toda seguridad un sinfín de peleas entre los dos machos que tendrían graves consecuencias, ya que incluso se podría producir la muerte de uno o de ambos ejemplares.

El apareamiento

El apareamiento sólo puede tener lugar cuando la hembra está en celo. La chinchilla hembra presenta una particularidad fisiológica: la vagina, como en todas las especies histricomorfas, está cubierta por una membrana, excepto durante el periodo del apareamiento y durante las horas anteriores y posteriores al parto.

Por lo tanto, el apareamiento no se produce no sólo porque la hembra no esté disponible, sino por una causa física que lo imposibilita. La presencia o ausencia de dicha membrana, además, permite establecer con precisión el momento oportuno para el apareamiento, así como la inminencia del parto.

Cuando la hembra está en celo, la vulva aparece muy dilatada y enrojecida.

El apareamiento se produce siempre por la tarde o por la noche, horas de mayor actividad de estos animales. Está precedida por un ritual de cortejo bastante insistente por parte del macho, que persigue sin parar a la hembra hasta que esta se detiene y alza ligeramente el tren posterior. Entonces el macho se le sube a la grupa, agarrándose en los flancos con las patas anteriores. El acoplamiento dura unos instantes, pero puede repetirse muchas veces a lo largo del día.

En algunos casos, el propietario tiene la oportunidad de presenciarlo. El cierre de la vulva no constituye una prueba segura de que se ha consumado el apareamiento; sin embargo, en algunos casos, se puede encontrar un elemento que sí lo confirma: en el suelo de la jaula puede verse un residuo de material orgánico de forma cilíndrica, blando y blancuzco si es reciente, o ya seco y amarillento si han transcurrido 24 horas. Este material es el ex-

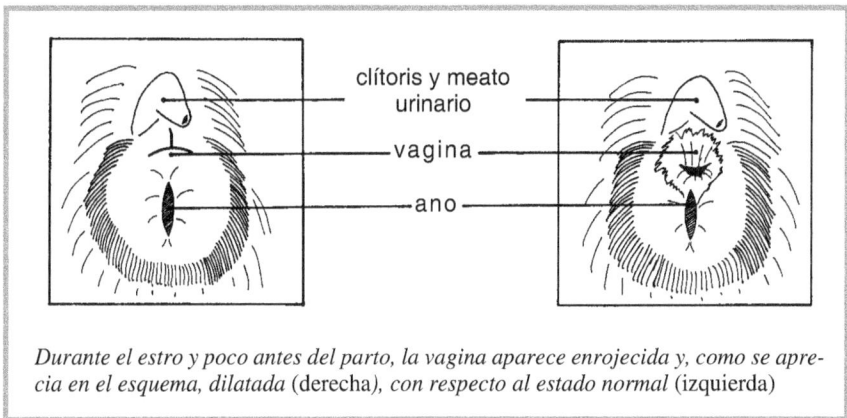

clítoris y meato urinario

vagina

ano

Durante el estro y poco antes del parto, la vagina aparece enrojecida y, como se aprecia en el esquema, dilatada (derecha)*, con respecto al estado normal* (izquierda)

ceso de semen eyaculado que rebosa de la vagina al finalizar los acoplamientos.

Después del apareamiento es conveniente efectuar una revisión al macho, porque, a menudo, durante el coito, muchos pelos finos quedan adheridos al pene y, cuando este se retrae para volver dentro del prepucio, se quedan alojados dentro, pudiéndose originar con el paso del tiempo graves infecciones. Para evitar esta circunstancia habrá que llevar el macho al veterinario para que este limpie el exceso de suciedad del pene.

Inmediatamente después del parto, la hembra vuelve a entrar en celo, con lo cual puede aparearse de nuevo y originarse así la gestación siguiente.

La gestación

Una vez ha tenido lugar el apareamiento, presumiblemente se habrá iniciado la gestación. Al principio no se apreciará en la hembra nada que nos lo confirme: sólo observaremos un comportamiento más tranquilo por haber finalizado ya el celo. A partir de este momento, cuando sea posible efectuar el diagnóstico de gestación, el cuidado de las

chinchillas deberá ser muy esmerado. No hace falta separar el macho de la hembra, y tampoco es indispensable aumentar inmediatamente la cantidad de alimento. El periodo de gestación es relativamente largo, y los fetos se desarrollan sobre todo durante el último tercio de la gestación, es decir, durante los últimos 30-40 días.

En cambio, sí es importante reducir al mínimo los posibles factores de estrés, que ya hemos tratado en capítulos anteriores. Una situación de estrés podría favorecer o desencadenar una reabsorción de los embriones (que se produce en la primera etapa de la gestación), o también un aborto.

Si el diagnóstico de gestación es positivo, prepararemos una pequeña caja para el parto. La finalidad de esta no es tanto proteger del frío como proporcionar al animal un lugar donde pueda esconderse parecido a un nido y donde pueda parir. Normalmente una caja suele ser suficiente, tal como se explica en la página siguiente.

Diagnóstico de gravidez

El propietario decidirá si quiere satisfacer su curiosidad, o bien prefiere seguir alimentando la

EL NIDO

Una forma muy simple de construir un pequeño nido consiste en hacer una caja de aglomerado de dimensiones proporcionales a la talla de animal (30 x 15 x 20 cm de altura).

En la parte delantera se colocará una abertura rectangular o redonda que le permita entrar y salir fácilmente, y en la parte posterior se fijará una portezuela con dos bisagras pequeñas.

Si se desea que la caja tenga calefacción, se instalará un doble fondo con una plataforma de separación. La parte superior de la plataforma será el suelo, y el compartimiento inferior alojará una bombilla (25 W o más, según las necesidades) con un interruptor.

El calor irradiado por la bombilla será suficiente para caldear el nido. Es muy importante que la instalación eléctrica se efectúe en la parte exterior de la jaula, practicando una abertura en una de sus paredes. Otra solución también es que la parte inferior de la caja que contiene la bombilla sea totalmente inaccesible a las chinchillas, ya que existe el riesgo de que los animalitos se quemen o roan el cable y les pase la corriente.

Esquema de una caja para el parto, dotada de un sencillo sistema de calefacción

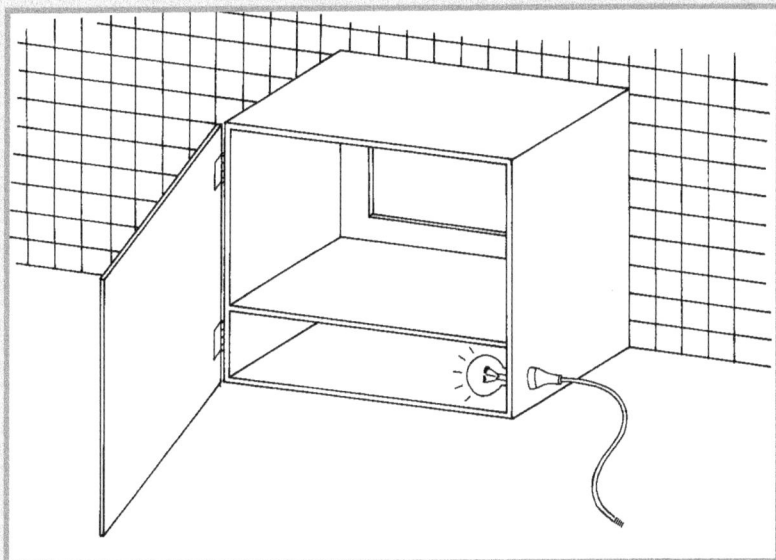

duda hasta el momento del parto. Sin embargo, cualquier persona podrá apreciar si la hembra está preñada hacia la mitad de la gestación, porque el perfil abdominal se redondea y no puede confundirse con una piel tupida. Para tener la certeza de que la hembra ha sido fecundada existen varios sistemas de diagnóstico, que deben ser realizados por un médico veterinario.

En la segunda mitad de la gestación, una radiografía es suficiente para saber si la futura madre espera uno o más pequeños. En este caso, la hembra lleva un solo cachorro

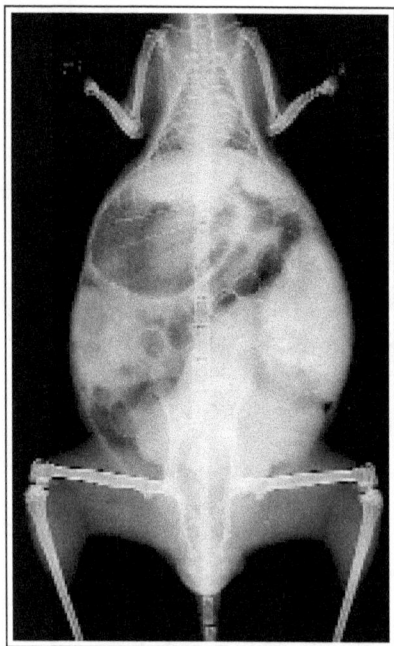

El diagnóstico de gravidez solamente se puede efectuar a partir de los 50 días, mediante palpación del abdomen, ecografía o radiografía.

La palpación del abdomen debe efectuarse con suavidad. No es en absoluto aconsejable que el propietario intente realizar él solo esta manipulación, ya que si se realiza de forma incorrecta, se puede provocar la muerte de los cachorros.

La ecografía es una prueba que no causa ningún dolor, pero mantener quieto al animal y la ligera presión de la sonda contra el abdomen podrían producir alguna molestia a la futura madre

La radiografía es el método más seguro para realizar el diagnóstico de la gestación: no presenta riesgos relacionados con la emisión de rayos ni para la madre ni para los cachorros. El diagnóstico es totalmente fiable y permite incluso determinar el número de pequeños.

Como en muchas otras operaciones, la regla fundamental es eliminar o prevenir cualquier factor que potencialmente pueda generar estrés a la hembra.

Llegados a este punto, surge la duda de si las acciones que es necesario realizar para saber si una hembra está preñada (por ejemplo el traslado al veterinario) pueden provocar un aborto.

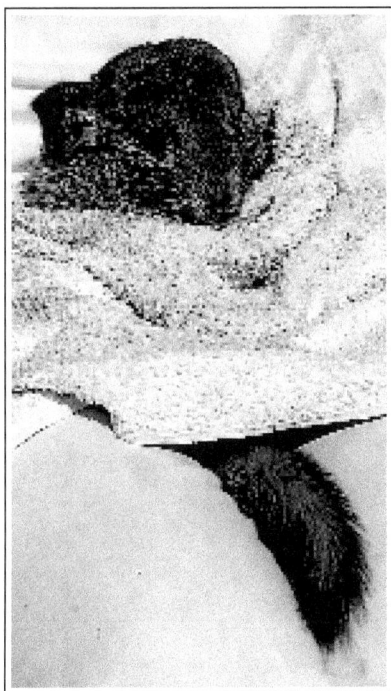

Durante la visita, para no dañar el delicado manto y para dar sensación de seguridad al animal, puede ser útil envolver la chinchilla en una toalla suave

Teóricamente es un riesgo que no se puede excluir, aunque en la práctica no hay motivo para pensarlo, siempre que todas las operaciones se realicen de la forma más correcta y delicada posible.

El parto

Normalmente, el parto tiene lugar durante la noche, y por eso resulta bastante difícil asistir al nacimiento de los cachorros. Sin embargo, es mejor así, puesto que la presencia de extraños podría molestar a la madre. Por otro lado, es muy probable que la hembra dé a luz dentro de la caja o del nido.

Una serie de signos indican la proximidad del momento del parto. En primer lugar, la hembra se muestra más tranquila. La señal más evidente es la abertura de la vulva, que aparece dilatada y enrojecida, igual que durante el celo. Cuando llega este momento no hay que poner a su disposición la arena para el baño.

El macho puede permanecer al lado de la hembra, y contribuirá a cuidar los cachorros durante las primeras horas que siguen al parto.

En el momento del parto es posible que la hembra emita una especie de gemidos debidos al esfuerzo. Tan pronto como el pequeño empieza a asomar por la vagina, la hembra lo extrae agarrándolo con los incisivos. Cuando nacen dos o tres cachorros, el parto puede durar unas horas, con intervalos bastante largos de espera entre un nacimiento y el siguiente. Una vez que han nacido todos los cachorros, concluye con la expulsión de la placenta (que la hembra se come inmediatamente).

Mamá chinchilla y su pequeño

Si un cachorro nace muerto, la hembra puede mostrar un total desinterés por él o puede comérselo.

El destete

Visto que el periodo de gestación de la chinchilla es muy largo, los cachorros al nacer ya son prácticamente autosuficientes. Nacen ya cubiertos de pelo, con los incisivos, y con los ojos y las orejas abiertos.

Desde el punto de vista estrictamente fisiológico, la lactancia dura solamente unos días, como máximo una semana. Los cachorros se alimentan casi exclusivamente de las mamas inguinales, que son las más desarrolladas. A veces se producen pequeñas escaramuzas entre ellos para conseguir el pezón más generoso. No obstante, los pequeños son tan precoces que son capaces de alimentarse por su cuenta a partir del tercer o cuarto día de vida. La comida es igual que para los adultos, si bien es conveniente aumentar la cantidad de alimento que contenga una elevada proporción

Este espléndido cachorro de dos días descansa cómodamente en la palma de la mano

de agua (es decir, fruta y verdura). Es difícil determinar la duración del destete del cachorro de chinchilla. Si por destete se entiende cese del periodo de lactancia, se puede considerar que es muy breve (una semana como máximo).

En cambio, si por destete se entiende el momento en que el cachorro puede ser separado de la madre, entonces se establecería en dos meses, aunque un cachorro de chinchilla puede estar con sus padres hasta los seis meses. No se puede describir la experiencia de contemplar un cachorro de chin-

chilla moviéndose dentro de la jaula: es una bola de pelo gris que corretea de un lugar a otro con una vivacidad excepcional y más agilidad que los adultos.

Alimentación de los cachorros huérfanos

En el caso de que la madre muera como consecuencia del parto, habrá que recurrir a la alimentación artificial durante unos días.

La leche de vaca, utilizada normalmente para la alimentación humana, no es suficiente, porque carece de los elementos nutritivos que necesita el cachorro para sobrevivir.

La mezcla que prepararemos tendrá estos ingredientes:

- 50 ml de agua tibia;
- 50 ml de leche condensada;
- 1/4 de yema de huevo crudo;
- 1 ml (20 gotas) de un complejo vitamínico líquido.

Esta «leche artificial» tiene que ser suministrada por vía oral con una jeringuilla, en pequeñas cantidades de 1-2 ml cada vez, como mínimo 4 veces al día.

La esterilización

Dado que no existen medicamentos que impidan la reproducción, en el caso de poseer una pareja de chinchillas y que no se desee que estas se reproduzcan, se puede esterilizar al macho, a la hembra o a ambos. La esterilización consiste en una intervención quirúrgica que realiza el veterinario y cuyos resultados son definitivos.

Cachorro de chinchilla de dos meses

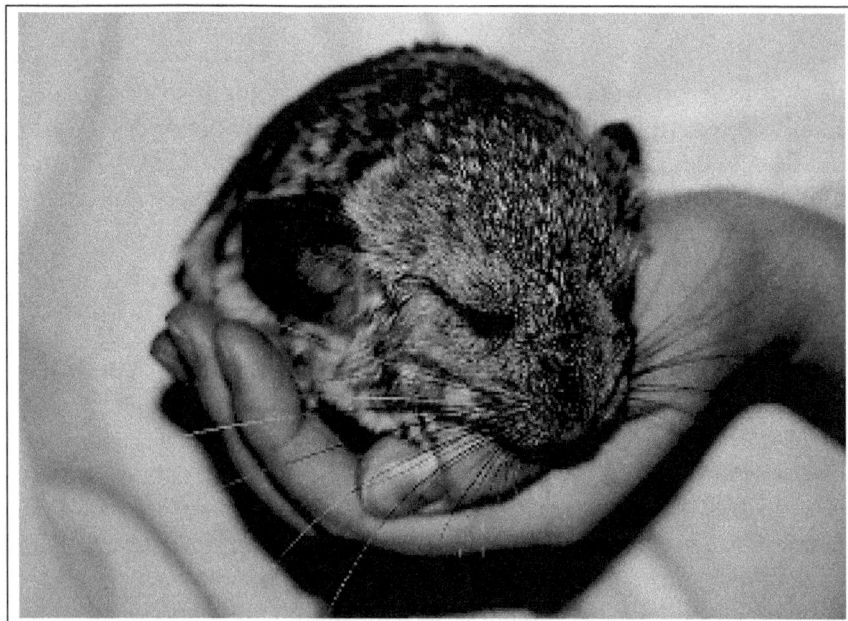

Las enfermedades: tratamiento y prevención

En este capítulo describiremos las enfermedades que pueden afectar a la chinchilla y los principales síntomas. El objetivo de esta breve reseña es aprender a reconocer los signos que pueden hacer sospechar que nuestro animalito tiene algún problema de salud.

Ante todo, debemos precisar que, al contrario de lo que sucede con otros animales domésticos, no es necesaria ninguna vacunación. Sin embargo, es aconsejable que después de un periodo de aclimatación en casa llevemos la chinchilla al veterinario para una visita general.

Además, no debemos olvidar ninguno de los siguientes puntos fundamentales:

1. El diagnóstico de una presunta enfermedad debe ser efectuado siempre por un veterinario. No tenemos que tratar de identificar el problema por nuestra cuenta, ni mucho menos debemos seguir los consejos de amigos, aunque estos tengan ciertos conocimientos sobre el animal, porque nuestra apreciación podría ser errónea.

Si tenemos la sospecha de que la chinchilla está enferma, no debemos desesperarnos, porque quizá no se trata de nada grave; pero tampoco podemos esperar mucho para llevarla al veterinario, porque, en algunos casos, un síntoma aparentemente poco importante podría ocultar una patología grave.

2. No se debe suministrar ningún medicamento que no haya sido prescrito por el veterinario. En este caso, tampoco haremos caso de las indicaciones de personas que hayan podido encontrarse ante un caso parecido. Si el fármaco no es el apropiado, se pueden producir dos consecuencias, ambas negativas:

• el fármaco no hace ningún efecto, y no detiene la evolución de la presunta enfermedad. En este caso, se estaría perdiendo un tiempo preciso para la curación;
• el medicamento tiene efectos nocivos.

En este mismo sentido, no emplearemos fármacos que hayan sido administrados con éxito en un perro o en un gato, ya que existen grandes diferencias en el tratamiento de los animales de especies diferentes, por lo cual un medicamento que podría ser útil para un animal podría ser inútil o perjudicial para otro.

3. Cuando alberguemos dudas sobre la salud de la chinchilla, consultaremos al veterinario cuanto antes. No intentemos aplicar remedios naturales (incluso aunque no contemplen la administración de medicamentos), ni dejaremos que transcurran unos días para ver cómo evolucionan los síntomas.

En los pequeños roedores hay patologías que pueden presentar un curso mucho más rápido que en el perro o en el gato. Así, si perdemos tiempo y la enfermedad está ya muy avanzada, la intervención del veterinario podría llegar tarde y resultar inútil.

4. Si vemos que la chinchilla no se encuentra bien, no debemos temer por nuestra salud. No existe ninguna enfermedad de origen infeccioso, parasitario o de cualquier otra naturaleza que pueda ser transmitida al hombre por contacto directo o indirecto. Constituyen una excepción las micosis cutáneas, aunque son muy raras en la chinchilla y sólo son contagiosas para el hombre en casos muy especiales.

Síntomas principales

Antes de pasar a describir las principales enfermedades que puede padecer una chinchilla, veremos cuáles son los síntomas a los que tendremos que prestar atención. Los animales, al igual que las personas, presentan diferencias individuales y, por lo tanto, es posible que los síntomas que vamos a ver a continuación no se presenten exactamente tal como se describen, sino con alguna pequeña variación. También puede suceder que aparezca más de uno a la vez. Enumeraremos ahora cuáles son los aspectos a tener en cuenta, que luego analizaremos en mayor profundidad:

- *pérdida de vivacidad;*
- *posición cuadrúpeda;*
- *disminución del apetito;*
- *posición de las orejas;*
- *aspecto de los ojos;*
- *aspecto de la nariz;*
- *estado de los dientes y masticación;*
- *aspecto del manto;*
- *andadura;*
- *aspecto de la región genital y perianal;*
- *aspecto de las heces.*

Pérdida de vivacidad

Consiste en un cambio bastante perceptible del carácter de la chinchilla. El animalito se mueve poco y, si lo estimulamos, recupera un poco de vivacidad pero reacciona como si estuviera cansado. Transcurre la mayor parte del día acurrucado, escondido en la casita o en un rincón de la jaula.

Este síntoma, que es bastante genérico, deberá observarse a lo largo de las veinticuatro horas del día, porque hay momentos, como por ejemplo la mañana, en que la chinchilla suele estar más somnolienta.

Otra excepción la constituyen los animales en periodo de reproducción. Después de haber copulado con varias hembras, el macho a veces puede mostrar momentos de aparente decaimiento alternados con otros en los que experimenta una especial excitación. Por otra parte, la hembra puede parecer más deprimida durante los días que siguen al apareamiento y, si está preñada, en los días que preceden al parto.

Posición cuadrúpeda

La chinchilla debe ser siempre capaz de mantenerse en posición cuadrúpeda, es decir, sobre las cuatro patas.

Generalmente, mientras duerme adopta una posición recogida pero, al contrario que los otros pequeños roedores, nunca se tumba sobre el flanco. Si un animal se echa sobre un flanco, boca abajo o boca arriba, es probable que esté enfermo, incluso de gravedad.

Disminución del apetito

Al igual que ocurría con la disminución de la vivacidad, la del apetito es un síntoma bastante genérico, que debe ser valorado objetivamente para establecer si es o no preocupante.

En primer lugar, si se poseen dos o más chinchillas que viven en la misma jaula, no se puede saber con certeza si una de ellas come poco o no come. Si persiste la duda, habrá que separar los animales, aislando al que nos preocupa. Para ello, no cambiaremos de jaula al animal que se desea observar, sino a los ejemplares aparentemente sanos, porque el cambio de alojamiento repercutiría negativamente en un ejemplar con problemas de salud y podría empeorar su estado.

Para contabilizar el consumo de comida habrá que esperar un día entero. Se pondrá a disposición del animal una cantidad previamente medida, para luego poder cuantificar la cantidad ingerida. Por ejemplo, podremos ofrecerle un determinado número de palitos de pienso o dos trocitos de manzana de un cierto tamaño.

Normalmente, la disminución del apetito es una circunstancia bastante rara; mucho más frecuente es el caso de que, estando enfermo, el animal no coma nada.

Una causa bastante frecuente de pérdida del apetito es el crecimiento anormal o excesivo de los dientes.

Hay que recordar también que la hembra suele comer menos unos días después del apareamiento y unos días antes del parto.

Por último, ante una pérdida constatable del apetito, debemos tener en cuenta una cosa: dado que la chinchilla sujeta el alimento con las patas anteriores, mientras se mantiene en posición «sentada» sobre las extremidades posteriores, en caso de sufrir una lesión en las extremidades, anteriores o posteriores, aunque sea difícil de apreciar, es posible que encuentre dolorosa la posición en la que habitualmente come y que, por esta razón, deje de hacerlo.

Posición de las orejas

Las orejas de la chinchilla deben estar erguidas. Cuando descansa, los pabellones auriculares normalmente están en posición baja, contribuyendo así a dar al animalito aquella expresión graciosa de somnolencia. Cuando goza de una perfecta salud, cualquier estímulo visual o auditivo hace que las orejas se yergan inmediatamente.

Si una de las orejas aparece replegada sobre sí misma es posible que el animal sufra alguna patología de oído o que esta posición sea un síntoma de malestar general.

Aspecto de los ojos

Los ojos deben ser bien brillantes, con los párpados abiertos, y con una expresión despierta y atenta. Cuando la chinchilla descansa tiene los párpados cerrados o semicerrados. Si goza de buena salud, cualquier estímulo visual o auditivo le hace abrir los párpados completamente.

Si se aprecia mucosidad, o si el pelo circundante está aplastado, mojado o desgastado, puede ser que el problema esté en los ojos o bien que se trate de un síntoma de malestar general. Este último caso se produce siempre que los ojos se ven hundidos, signo de pérdida de peso o de deshidratación.

Aspecto de la nariz

La nariz tiene que estar siempre seca. La presencia de mucosidad, líquida o seca en forma de cos-

Una nariz seca y de color rosado es indicativa de buena salud

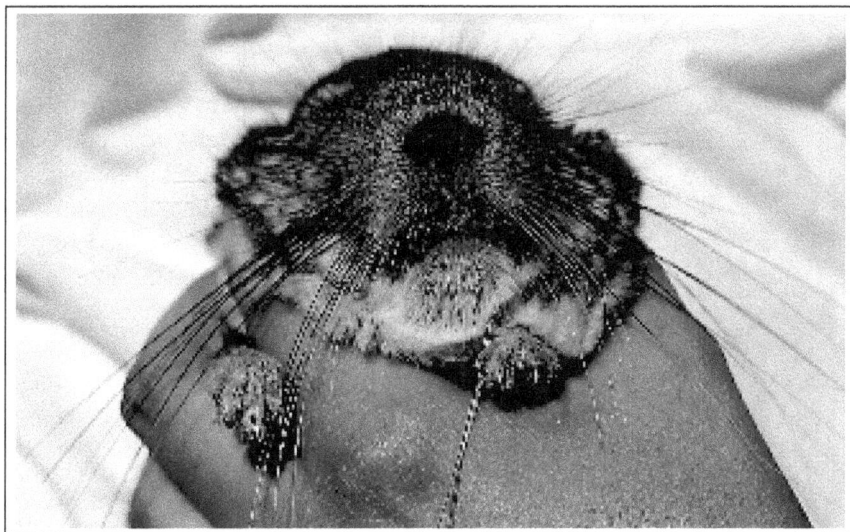

tras, es síntoma de enfermedad respiratoria.

La respiración debe ser silenciosa. Si se perciben pequeños silbidos esto se debe a que las vías respiratorias están parcialmente obstruidas, probablemente a causa de una rinitis.

Por último, un signo bastante claro de buena salud viene dado por el movimiento de la nariz y de los bigotes; los orificios nasales se contraen continuamente y los bigotes vibran.

La falta de estos movimientos (exceptuando los periodos de sueño) es un signo claro de estado depresivo, y debe tenerse bajo observación al animal.

Estado de los dientes y masticación

Los únicos dientes visibles son los incisivos superiores e inferiores, aunque si tienen una longitud normal están cubiertos por los labios. Son claramente visibles cuando crecen torcidos, hacia fuera o en cualquier otra dirección anómala.

A veces se puede ver fácilmente que la chinchilla, a pesar de mostrar interés por la comida, tiene dificultades para engullirla. Otras veces, la dificultad en la masticación se debe al crecimiento excesivo de los molares. En este caso, nuestra mascota puede introducir el alimento en la boca, pero luego no es capaz de masti-

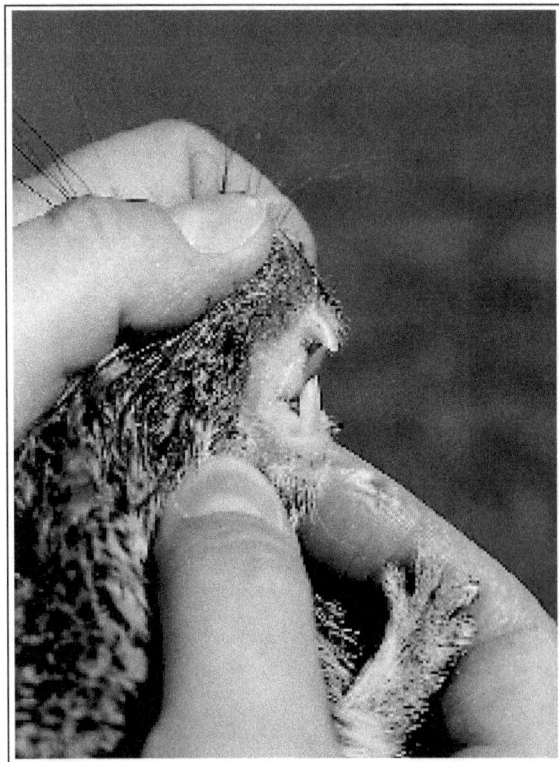

Revisión de los dientes incisivos

carlo y lo expulsa; esto se produce especialmente con los alimentos duros. En todos los casos en que el propietario detecte alguna dificultad en la masticación, es necesario consultar al veterinario.

Aspecto del manto

Sin lugar a dudas, la principal característica de la chinchilla es su tupido y delicado manto. Sin embargo, no se trata sólo de un simple «vestido»: el conjunto de pelo junto con la piel constituye un órgano muy importante que puede padecer enfermedades y que refleja con gran exactitud el estado de salud del animal.

Las alteraciones del manto pueden ser numerosas, de mayor o menor gravedad. La piel puede perder brillo o suavidad. El pelo puede presentarse ralo o con zonas totalmente descubiertas. La piel puede presentar heridas o costras, siendo estas últimas fáciles de percibir al tacto. Las lesiones pueden ocupar toda una zona o puntos concretos. La cola, aunque tenga el pelo más duro y menos espeso, puede padecer enfermedades cutáneas u otros trastornos que afecten al manto.

Las malas condiciones del manto son indicadores de enfer-medades de orígenes muy distintos (metabólico, parasitario, etc.), por lo cual, como ya hemos recordado en varias ocasiones, se deberá consultar al veterinario.

Andadura

La chinchilla es un animal muy ligero, que se mueve con una agilidad sorprendente, tanto en el exterior como en el interior de la jaula. Por consiguiente, las anomalías en la forma de andar serán particularmente perceptibles. Por norma general, la cojera esconde lesiones de consideración.

La chinchilla tenderá a no apoyar una de las cuatro patas o las dos posteriores si sufre problemas que afecten los huesos de las extremidades o de la columna vertebral. En cambio, si existe alguna causa que influya en la coordinación motriz, el animal llevará la cabeza inclinada hacia un lado, andará con un cierto balanceo o caminará realizando círculos.

Aspecto de la región genital y perianal

Una de las atenciones periódicas que tendremos que prodigar a nuestra mascota será la de observar la zona de la base de la cola. En esta parte del cuerpo, el pelo debe estar limpio y seco.

Los órganos genitales deben tener un color rosado, sin presentar enrojecimientos. Si esta región está sucia debido a heces blandas o secas, a mucosidad o sangre, es posible que el animal tenga diarrea o cualquier otra enfermedad.

Aspecto de las heces

Es muy importante observar a diario el aspecto de las heces al limpiar la jaula y sustituir el sustrato del fondo.

Al tratarse de un roedor básicamente herbívoro, la chinchilla produce una gran cantidad de heces, a causa del elevado contenido en fibra de su dieta. Además, como ya

Las heces de la chinchilla tienen que estar siempre bien formadas (izquierda)*; las heces blandas* (derecha) *pueden ser un signo de enfermedad intestinal*

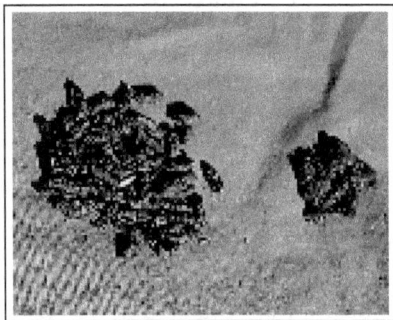

hemos dicho, hay sustancias nutritivas muy importantes que no se absorben durante la digestión.

Por esta razón, es normal que la chinchilla ingiera sus propios excrementos. Las heces de la chinchilla tienen una característica forma cilíndrica con los extremos redondeados. Son de color oscuro o negro y, recién expulsadas, su consistencia es elástica, no ensucian y son prácticamente inodoras. Al cabo de unas horas empiezan a secarse, sus dimensiones disminuyen progresivamente, oscurecen y su aspecto es más seco y arrugado.

Cuando se cambia el sustrato hay que prestar atención a la cantidad de excrementos. Si no hay, puede haber algún problema de estreñimiento o falta de apetito desde hace unos dos o tres días. En tal caso, es posible que presente otros síntomas, que deberemos detectar según lo dicho hasta el momento. Estas dos circunstancias son bastante raras y, en cambio, es mucho más frecuente que se observe algún tipo de alteración en las heces.

Si se observan heces blandas, semisólidas o semilíquidas, es muy probable que la chinchilla esté sufriendo una enteritis.

Si son pequeñas y deshidratadas, pese a haber sido recientemente evacuadas, es probable que la ingestión de agua o de comida hidratada sea insuficiente. En este caso, el problema es menos grave que el que plantea la diarrea, y puede corregirse modificando la dieta.

Enfermedades de la boca, del estómago y del intestino

Crecimiento excesivo de los dientes

Los dientes de la chinchilla crecen continuamente, como los de los demás roedores. Crecen lentamente y durante toda la vida, y tienen que desgastarse también continuamente.

Sin embargo, puede ocurrir que, por distintas causas, los dientes no se desgasten lo suficiente, y obstaculicen cada vez más la masticación.

En caso de crecimiento excesivo de los dientes, la chinchilla tendrá dificultades para sujetar la comida. Normalmente se producirá una salivación excesiva, que mojará el mentón y la región del cuello. Los incisivos inferiores tienden a crecer hacia el exterior; los superiores, en cambio, crecen en dirección al paladar, causando graves lesiones en este y en la lengua.

Si crecen excesivamente, los incisivos tienen que cortarse con el instrumento adecuado

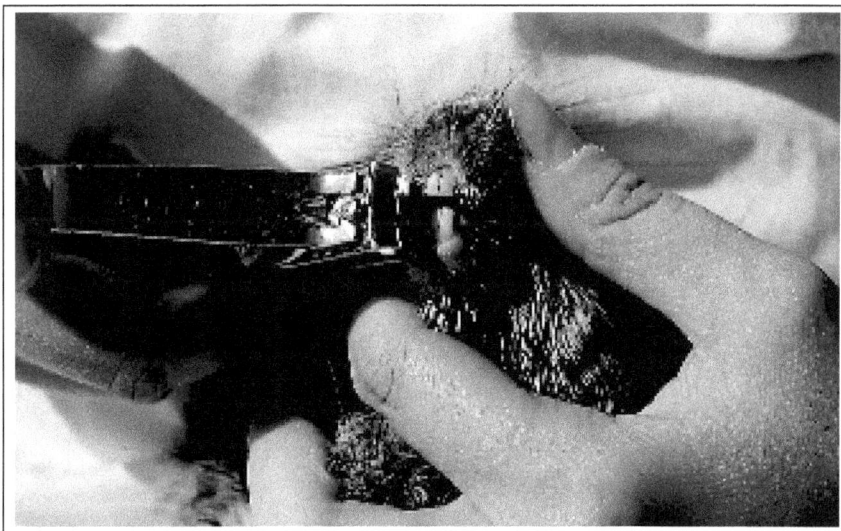

En caso de crecimiento excesivo de los dientes molares, la chinchilla no tendrá dificultades para aferrar los alimentos, pero sí para masticarlos. Los molares de los roedores presentan una superficie plana que, en caso de desgaste irregular, tiende a dejar unos márgenes cortantes que pueden lesionar la lengua o las encías.

En poco tiempo el animal dejará de alimentarse, con las previsibles consecuencias para su salud.

Las causas principales del crecimiento anómalo de los dientes son de dos tipos: hereditarias y alimentarias. Esto significa que la chinchilla puede nacer con una propensión al crecimiento anómalo, o bien que una alimentación inadecuada puede ser el motivo del insuficiente desgaste de los dientes.

También puede darse el caso de que un traumatismo en el hocico conlleve como consecuencia secundaria el crecimiento anómalo de los incisivos inferiores o superiores.

La primera regla para prevenir el crecimiento excesivo de los dientes es proporcionar al animal alimentos que contengan suficiente fibra y trozos de pan seco. Además de la comida seca, también es conveniente introducir en la jaula unas ramitas, que la chinchilla roerá gustosamente, aun-

Si la superficie de corte es irregular, los incisivos pueden limarse

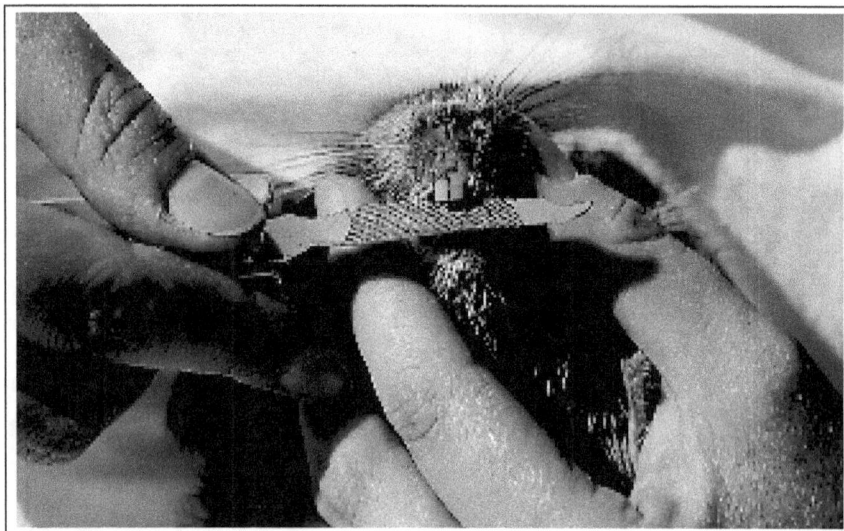

que en realidad no dejará de ejercitarse royendo los barrotes metálicos de la jaula.

Para resolver este problema una vez que se ha manifestado, habrá que cortar y limar los dientes, operación que realizará exclusivamente el veterinario.

No hay que olvidar que el crecimiento anómalo de los dientes representa para los roedores en su hábitat natural un factor de selección muy importante, ya que un ejemplar con una predisposición genética a esta patología está destinado a morir.

Afortunadamente, en los roedores de compañía, como la chinchilla, existe la posibilidad de corregir periódicamente este defecto. Es evidente que cuando el crecimiento excesivo de los dientes no se debe a factores alimentarios, la operación de corte y limadura de los dientes deberá repetirse a lo largo de toda la vida del animal.

Diarrea

La diarrea es una de las patologías más graves y frecuentes que pueden afectar a los pequeños roedores. Las inflamaciones intestinales, que suelen ser muy comunes y fáciles de resolver en otras especies animales, en estos son muy graves y frecuentemente mortales, porque provocan no sólo la falta de absorción de elementos nutritivos importantísimos, sino también la pérdida de líquidos y de sales minerales, con la consiguiente rápida deshidratación del animal. Por otro lado, en el intestino afectado se desarrollan familias de bacterias que producen sustancias tóxicas que son absorbidas por el organismo ya debilitado y que, en muchos casos, causan la muerte.

La diarrea está provocada por diversas causas, que dividiremos en determinantes y predisponentes.

Las causas determinantes son errores en el suministro del alimento y agentes microbióticos específicos. Uno o varios de estos elementos provocan un desequilibrio de la flora intestinal, y se origina una infección que provoca diarrea:

- *alimentos inadecuados, enmohecidos, rancios, contaminados por bacterias o heces;*
- *alimentos ricos en agua (fruta y verdura) suministrados a temperatura demasiado fría;*
- *cambios frecuentes o bruscos en la alimentación;*
- *bocaditos fuera de horas demasiado frecuentes;*
- *infestación de bacterias o de parásitos de localización intestinal.*

En cambio, los factores predisponentes son todos los factores que causan estrés al animal. A continuación relacionamos algunos de los numerosísimos factores que pueden predisponer a la diarrea:

- *cambio de residencia;*
- *jaula inadecuada;*
- *desplazamientos;*
- *cambios bruscos de temperatura;*
- *exposición a las corrientes de aire;*
- *sobresaltos;*
- *manipulaciones excesivas;*
- *gestación;*
- *enfermedades concurrentes.*

Desgraciadamente, en la mayoría de los casos esta enfermedad se manifiesta repentinamente y tiene una evolución rapidísima, que no deja demasiado tiempo para intervenir. Si no se trata de forma inmediata, la chinchilla puede morir en un plazo de doce a veinticuatro horas.

Las heces son casi siempre líquidas y ensucian la región anal. Lógicamente, el animal tiene un aspecto abatido y presenta algunos de los síntomas expuestos anteriormente.

Es indispensable acudir inmediatamente al veterinario porque habrá que suministrarle antibióticos, fermentos lácticos, líquidos rehidratantes y complementos vitamínicos. Si no es posible realizar esta visita con urgencia, será indispensable suministrar, con una jeringuilla, 20-30 gotas de suero oral cada 3-4 horas. Además, es importante proporcionarle calor, envolviéndola con un paño de lana o aumentando la temperatura de la habitación.

Si el animal todavía es capaz de comer, además de la terapia específica es conveniente darle alimentos muy ricos en agua, como fruta fresca o lechuga. Estos alimentos no contribuyen a empeorar la diarrea, como se suele creer; es más, compensan las pérdidas de líquidos y sales minerales. Es un grave error eliminar de la dieta los alimentos frescos y suministrar sólo alimentos secos, porque se empeora el estado de deshidratación del animal.

No hay que darle alimentos ricos en fibra, como el heno, porque el intestino no sería capaz de digerir la celulosa.

Estreñimiento

El estreñimiento es una enfermedad menos frecuente que la diarrea, aunque las causas que lo originan son muy similares. En este caso, el estrés también es un factor predisponente muy importante. La causa determinante es la alimentación inadecuada, con un exceso de alimento seco, sin ingestión suficiente de agua. A veces el estreñimiento es la consecuencia de errores banales, como la posición equivocada del bebedero de sifón, que la chinchilla no puede alcanzar, o la obstrucción del surtidor causada por pelos o suciedad.

La comida demasiado seca provoca la formación de masa fecal excesivamente dura que obstruye el intestino.

Los síntomas son más difíciles de identificar, ya que es posible que durante un tiempo la chinchilla evacue heces casi normales, con periodos de estreñimiento esporádico. Dado que los únicos síntomas siempre son abatimiento e inapetencia, y son bastante genéricos, el diagnóstico resulta difícil y debe ser efectuado únicamente por un veterinario, después de haber realizado la exploración y las radiografías necesarias.

El tratamiento depende de la gravedad y consiste en la administración de laxantes o en la intervención quirúrgica.

Si se sospecha que el animal puede estar padeciendo estreñi-miento, no deberemos en ningún momento suministrarle laxantes sin la indicación expresa del veterinario, porque podrían causarle diarrea o lesiones internas muy graves.

Enfermedades respiratorias

Rinitis

La rinitis consiste en la inflamación o en la infección de las fosas nasales. Las causantes de esta infección son bacterias, y en la mayoría de los casos se trata de microorganismos no peligrosos para el hombre y que normalmente se encuentran en el medio ambiente. El contagio suele ser consecuencia de factores estresantes que debilitan el organismo de la chinchilla. Además de los factores predisponentes ya mencionados en referencia a la diarrea, desempeñan un papel especialmente importante los cambios bruscos de temperatura y la exposición a corrientes de aire. Los síntomas son: mucosidad fluida o seca en la nariz, respiración ruidosa con silbidos y, posiblemente, estornudos.

El tratamiento consiste en la administración de antibióticos.

Pulmonía

La pulmonía es una infección grave de las vías respiratorias que afecta a los pulmones. Las causas y los factores predisponentes son los mismos que los que hemos mencionado para la rinitis.

Es más, con frecuencia una rinitis mal curada puede evolucionar a bronquitis.

En caso de pulmonía, se observará que el animal tiene dificultad para respirar, con elevación muy perceptible de los costados, depresión y a menudo deja de comer.

Es necesario administrar los antibióticos adecuados lo más rápidamente posible.

Enfermedades de la piel y del pelo

Ingestión del propio pelo

Tal como ya hemos visto anteriormente, las condiciones del manto representan el elemento más indicativo del estado de salud de una chinchilla.

En algunos casos, la piel presenta irregularidades. Concretamente, se puede observar que en los flancos y en el abdomen hay zonas descubiertas de pelo. Sin excluir otras causas que deberán ser evaluadas atentamente por el veterinario, esta pérdida de pelo puede estar provocada por la misma chinchilla o por algún compañero que viva en la misma jaula, como consecuencia de una situación de estrés. Es probable que haya factores que creen malestar y que el animal se desahogue arrancándose el pelo. El problema, que por sí sólo es aparentemente poco importante ya que es sólo estético, no debe ser subvalorado porque es indicativo de una situación anómala para la chinchilla.

Recordemos que la hembra gestante no tiene la costumbre de arrancarse el pelo para recubrir el nido, como en cambio sí hace la coneja.

El tratamiento irá encaminado a eliminar los factores causantes del estrés, es decir, mejorar las condiciones de vida (alojamiento, alimentación, etc.).

Micosis

El aspecto de la chinchilla con micosis cutánea es muy característico: falta de pelo en determinadas zonas (por lo general circulares), en las cuales la piel aparece totalmente al desnudo.

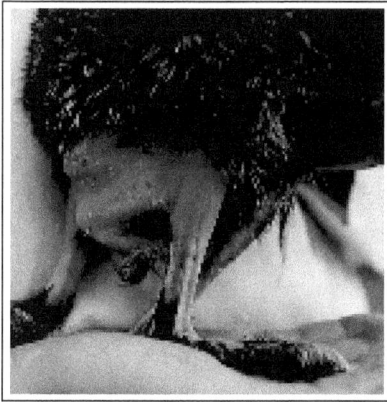

Chinchilla afectada de micosis cutánea en una pata

Dichas áreas carentes de pelo se extienden rápidamente, y en las zonas colindantes el pelo se puede arrancar fácilmente sin oponer resistencia a la tracción. En las otras zonas del cuerpo el pelo se observa en condiciones normales.

La micosis cutánea es una enfermedad de la piel causada por micetos, unos hongos microscópicos. En el caso de los pequeños roedores, una fuente de contagio puede ser el heno si no está debidamente esterilizado.

Dado que todos los animales, incluido el hombre, están en contacto diario con tales microorganismos, para que el miceto pueda adherirse a la piel se tienen que dar una serie de factores predisponentes, como el estrés o una enfermedad concurrente, que dis-minuyan las defensas inmunitarias del organismo y la hagan sensible al contagio.

La micosis cutánea es grave en una especie como la chinchilla que, precisamente por su piel tan densa y suave, es el terreno ideal para el desarrollo de los micetos. Al quedar la piel al desnudo, el animal corre un riesgo mayor de arañazos e infecciones.

El tratamiento consiste en la administración de fármacos contra los hongos y en la aplicación de una loción en la piel. La prescripción y utilización de estos productos tienen que ser indicados por el veterinario. El tiempo para la curación suele ser bastante largo.

La micosis cutánea puede ser contagiosa para el hombre, pero no debemos preocuparnos: para evitar el contagio sólo hay que lavarse las manos después de haber manipulado la chinchilla.

Sarna

La sarna es una enfermedad de la piel causada por ácaros, unos invertebrados parecidos a arañas de dimensiones microscópicas que viven dentro de la piel. Los síntomas son los trastornos del manto, pelo ralo o desordenado, costras y prurito intenso. La chin-

115

chilla también puede mostrarse deprimida o inapetente.

Esta enfermedad se contrae por el contacto directo con otras chinchillas enfermas o portadores asintomáticos, y por esta razón es más bien rara.

Para efectuar un diagnóstico correcto, sobre todo para distinguirla de la micosis, se necesita el dictamen veterinario.

El tratamiento consiste en la administración de fármacos desparasitadores por medio de inyecciones y de aplicaciones locales. Será siempre el veterinario el que recete estos productos y realice el seguimiento.

Heridas causadas por mordeduras

Las heridas causadas por mordeduras no son demasiado frecuentes, aunque pueden ser provocadas por peleas entre dos animales en determinadas condiciones. Las situaciones anómalas más habituales son las que tienen lugar cuando conviven dos machos en una misma jaula, o dos o más hembras, siendo una de ellas mucho más anciana que las otras, o también la superpoblación o la cantidad insuficiente de comida.

Las mordeduras no suelen causar heridas demasiado graves, aunque pueden revestir un cierto peligro porque, si no se tiene constancia de la pelea, son difíciles de identificar debajo de la piel.

Si no se curan rápidamente pueden infectarse con facilidad y dar origen a abscesos de la piel y de los tejidos que se encuentran debajo, con posibles consecuencias de enorme gravedad.

Si localizamos una costra, por ejemplo mientras acariciamos ocasionalmente al animal, la desinfectaremos con un producto antiséptico para la piel. En algunos casos habrá que rasurar el área contigua a la lesión. Si se aprecia la presencia de pus, es necesario consultar al veterinario porque se tendrá que limpiar perfectamente la herida y administrar un antibiótico.

Enfermedades del aparato reproductor

Aborto e infecciones del útero

En la hembra de la chinchilla el aborto es una circunstancia bastante frecuente. La chinchilla es, de todos los roedores, la especie animal con más predisposición, ya sea por la duración de la gestación, o también por su particular sensibilidad a los factores estresantes, entre los cuales destacan como más peligrosos los cambios de alimentación, los cambios de jaula, los viajes y las manipulaciones excesivas. Durante la gestación habrá que suprimir las posibles causas de molestia. También hay algunas causas específicas, como son las infecciones bacterianas.

El aborto puede tener lugar en cualquier momento de la gestación, y presenta síntomas diferentes según el periodo. Si el aborto se produce durante las primeras semanas, normalmente se produce una reabsorción del embrión. En tal caso, el propietario no se da cuenta de nada y cree que, a pesar de haber tenido lugar el apareamiento, la hembra no había sido fecundada.

Las consecuencias del aborto son más graves cuando la gestación está más avanzada y se llega a las últimas semanas. Entonces en el útero quedan uno o más fetos muertos de dimensiones considerables. Si son expulsados espontáneamente, la madre no sufre consecuencias. Los pequeños pueden encontrarse en el fondo de la jaula o bien muchas veces no se encuentran porque la propia madre los ingiere.

Si la madre no los expulsa, en pocos días se originará una infección grave del útero, cuyos síntomas pueden variar en número e intensidad. La chinchilla se muestra abatida e inapetente, y presenta dificultades respiratorias. La región perianal suele estar impregnada de mucosidad, si bien este síntoma puede no aparecer. Si se produce rotura del útero puede sobrevenir la muerte inmediata del animal.

El diagnóstico compete exclusivamente al veterinario. En caso de infección uterina, y si el estado del animal lo permite, la curación pasa por una intervención quirúrgica. La infección aparece por las mismas causas que pueden determinar el aborto. Sin embargo, esta enfermedad puede afectar también a la hembra no gestante.

Los síntomas son parecidos a los que hemos indicado anteriormente, generalmente (aunque no siempre) acompañados de pérdida de mucosidad por la vagina.

Mastitis

Consiste en la infección de una o varias mamas. Suele tener lugar durante la fase de lactancia y, como esta fase en la chinchilla es bastante breve, la enfermedad no es demasiado frecuente. Está causada por bacterias que normalmente se encuentran en el medio ambiente, que penetran a través del pezón y provocan la infección de la glándula mamaria. En algunos casos los microorganismos llegan a través de los cachorros, con los pequeños mordiscos que suelen dar al pezón mientras se alimentan.

Los síntomas son la inflamación y el enrojecimiento de las mamas, y en la mayoría de los casos el dolor. Otros signos indicativos son que la hembra se lame las regiones inguinal y abdominal, o bien aleja los cachorros, que buscan los pezones, mientras ella emite gemidos.

El tratamiento consiste en la administración de antibióticos y, en caso de mastitis grave o de estado avanzado, en la extirpación de la mama afectada.

Infección del pene

Los múltiples acoplamientos, especialmente con varias hembras, pueden dar lugar a una infección del pene. La causa puede ser la adhesión en la superficie del miembro de suciedad, bacterias o pelo, que pasan al interior al retraerse el glande. Concretamente, los pelos pueden quedar enrollados alrededor del pene y lo comprimen, produciendo una lesión que se define con el nombre de *hair ring*, es decir, «anillo de pelo».

El único síntoma vagamente indicativo puede ser que el animal se lame la región inguinal. La exploración del pene debe ser efectuada por el veterinario. Un buen consejo es llevar la chinchilla macho al veterinario después del apareamiento.

El tratamiento consiste en limpiar el pene y retirar los pelos, si los hubiera.

Otras enfermedades

Fracturas

Las fracturas son bastante frecuentes en los pequeños roedores. Son consecuencia de traumatismos, que pueden ser de dos tipos: traumatismos ocurridos en el interior de la jaula o, más frecuentemente, caídas al manipular el animal.

En lo que respecta a la primera circunstancia, la jaula no tiene que presentar accesorios peligrosos para la chinchilla, como obstáculos en los que pueda quedar atrapada su cola o las patas. No debemos olvidar que la chinchilla intenta trepar por cualquier fisura y que tiene la capacidad de comprimir el cuerpo sorprendentemente. Además, al ser un animal bastante nervioso, cuando se le queda una pata atrapada tiende a debatirse frenéticamente autolesionándose, con las consiguientes heridas externas o fracturas. Es típica la fractura de tibia como consecuencia de que una de las patas posteriores haya quedado atrapada entre los barrotes o en la rejilla del fondo.

Sin embargo, la mayor parte de las fracturas se deben a caídas del animal mientras es manipulado. No hay que olvidar que los roedores se revuelven para escapar, incluso cuando se los coge correcta y delicadamente. A veces, estando aparentemente tranquilas, pueden sorprendernos con saltos repentinos. Caer al suelo en desequilibrio puede tener consecuencias graves o dramáticas. Se puede producir la fractura de una o varias patas o, peor todavía, un traumatismo craneal o una fractura de la columna vertebral. Los síntomas y la gravedad dependen del tipo de lesión. En caso de fractura en una pata, el animal caminará sin apoyarla, cojeando.

Esta circunstancia no es particularmente grave y se cura con el tiempo, aunque en algunas ocasiones se hace necesaria una intervención quirúrgica. En ningún caso intentaremos aplicar nosotros mismos vendajes o inmovilizaciones de cualquier tipo, sino que acudiremos al veterinario.

En caso de traumatismo craneal, el animalito caminará de forma anómala, balanceándose, con la cabeza ladeada, o dando vueltas. La situación es grave y se le tienen que administrar unos fármacos específicos.

Si la chinchilla ha sufrido lesiones en la columna vertebral, al caminar arrastrará las extremidades posteriores. Esta lesión es muy grave porque comporta parálisis y casi nunca tiene solución.

Golpe de calor

El golpe de calor es bastante frecuente en los animales domésticos, en particular los de talla pequeña. Estos últimos tienen una superficie cutánea que, en proporción con la masa corporal, es mayor que en los otros animales de talla mayor. Esto explica que si están expuestos a temperaturas elevadas, reciben una cantidad de calor que su organismo no puede absorber. Además, las chinchillas no son capaces de eliminar el exceso de calor por medio de la respiración, como hacen por ejemplo los perros.

El golpe de calor se puede producir si la jaula queda expuesta al sol, o bien dentro de un automóvil, si la temperatura de la cabina sube demasiado.

La chinchilla afectada de un golpe de calor se muestra abatida, con los ojos semicerrados y las orejas bajas. Las respiración se acelera. Se tumba boca abajo y algunas veces puede presentar una salivación excesiva, que actúa como un mecanismo de defensa que utiliza para intentar mojar la superficie del manto. Un profundo aturdimiento durante unos minutos precede a la muerte del animal.

Si observamos estos síntomas durante el transporte del animal, tendremos que colocarlo inmediatamente en la sombra y humedecerle el pelaje con agua para ayudarlo a dispersar el calor. Bajo ningún concepto lo sumergiremos en el agua, porque el contraste de temperatura sería demasiado fuerte. Si en pocos minutos la chinchilla no recupera la vivacidad, es indispensable acudir a un centro veterinario para que le administren un tratamiento *antishock*.

Para evitar este tipo de accidentes, en verano nos limitaremos a efectuar los desplazamientos indispensables, y sólo a una temperatura inferior a los 25 C.

IMPORTANCIA DE LA ALIMENTACIÓN ASISTIDA

A lo largo del curso de cualquier enfermedad o durante el periodo de convalecencia es posible que la chinchilla tenga que ser alimentada.

Una tendencia general de los animales herbívoros y en particular de los roedores es que dejan de alimentarse por completo cuando sufren algún malestar. Como es lógico, esta reacción no hace más que empeorar su salud, sobre todo si se trata de animales pequeños, como la chinchilla, que necesitan un aporte energético notable en relación con la talla.

Para que el tratamiento con los medicamentos prescritos o administrados directamente por el veterinario sea eficaz, será indispensable que nuestro pequeño roedor enfermo coma suficientemente. Es fundamental que sea el dueño quien se encargue de la alimentación asistida porque, a pesar de que hay clínicas veterinarias en donde pueden ocuparse de esto, es preferible que la chinchilla permanezca en un ambiente familiar, ya que un ambiente desconocido podría empeorar su estado.

En lo que se refiere a las indicaciones específicas, remitimos al lector al capítulo sobre la alimentación.

Administración de medicamentos

El propietario puede administrar los medicamentos por vía oral y, con mucho cuidado, los de aplicación local. En cambio, las inyecciones son siempre tarea del veterinario.

Para hacer que ingiera fármacos líquidos se puede utilizar un cuentagotas o una jeringuilla pequeña (naturalmente sin aguja). Pare ello, sujetaremos la chinchilla con la mano y, manteniéndola en posición vertical, extenderemos delicadamente la cabeza hacia arriba. Aplicaremos la boca de la jeringuilla por el lado de los incisivos, «inyectaremos» un poco de líquido y esperaremos a que el animal mueva la lengua y engulla. Para la deglución es conveniente ponerle la cabeza en posición horizontal. Si el animal tose tendremos que detenernos y esperar a que se recupere, antes de reanudar la operación.

Normalmente, un ejemplar enfermo se dejará manipular. Con todo, en la administración de los fármacos debe procederse con sumo cuidado para que el animal no se debata y se caiga.

Como ya hemos dicho, con la jeringuilla sin aguja también se le puede dar la preparación para la alimentación asistida, siempre que el alimento sea lo suficientemente fluido. En este caso, al tratarse de un alimento semisólido, la pausa para la deglución será más larga.

Forma de administrar un medicamento líquido por vía oral

Cuadro resumen de los síntomas y de las enfermedades más comunes

Síntoma	Enfermedad	Causa	Prevención	Gravedad	Tratamiento/pág.
incapacidad para coger o para masticar los alimentos, falta de apetito o inapetencia, salivación abundante	crecimiento excesivo de los dientes	hereditaria, alimentación incorrecta, traumatismos	suministrar heno y alimentos ricos en fibra, darle palitos para roer	importante	corte y limadura (a cargo del veterinario); pág. 109
abatimiento grave, heces blandas o más frecuentemente líquidas, suciedad en la región perianal	diarrea	estrés por distintas causas, errores alimentarios, bacterias o parásitos que provocan una infección intestinal	eliminar las posibles causas de estrés; alimentación correcta y regular	gravísimo	administrar alimentos hidratados, antibióticos, líquidos rehidratantes, fermentos lácticos, suplementos vitamínicos; pág. 111
abatimiento, falta de apetito o inapetencia, escasez o ausencia de heces	estreñimiento	estrés, alimentación excesivamente seca, falta de agua	eliminar las posibles causas de estrés; alimentación correcta y regular	grave	administrar laxantes; posible intervención quirúrgica; pág. 112
mucosidad nasal, respiración dificultosa o ruidosa, estornudos	rinitis	bacterias, factores predisponentes (cambios bruscos de temperatura)	evitar cambios bruscos de temperatura y corrientes de aire	importante	administrar antibióticos; pág. 113
mucosidad nasal, respiración dificultosa o ruidosa, estornudos, abatimiento	pulmonía	bacterias, factores predisponentes (cambios bruscos de temperatura)	evitar cambios bruscos de temperatura y corrientes de aire	grave	administrar antibióticos; pág. 114

(Continuación)

Síntoma	Enfermedad	Causa	Prevención	Gravedad	Tratamiento/pág.
manto en mal estado, pérdida de pelo	engulle el propio pelo	estrés	proporcionar condiciones de vida óptimas	leve	eliminación de los factores que originan el estrés; pág. 114
pérdida de pelo en áreas determinadas	micosis	contagio por hongos microscópicos, factores predisponentes	higiene adecuada de la jaula	importante	administración de fármacos contra los hongos por vía oral y por vía tópica; pág. 114
pelo en desorden, ralo; costras, prurito intenso	sarna	contagio por ácaros	higiene adecuada de la jaula	leve	administración de fármacos desparasitadores; pág. 115
pelo en desorden, enmarañado; costras; manchas de sangre; presencia de pus	heridas por mordedura	mordedura producto de una pelea entre dos ejemplares mal emparejados o que no forman pareja	formación de una pareja estable y bien avenida, a ser posible de la misma edad	de leve a grave	desinfección local y administración de antibióticos; pág. 116
variables: no aparentes o apreciables; respiración dificultosa, pérdida de mucosidad por la vagina, posibilidad de muerte imprevista	aborto e infecciones del útero	infecciones bacterianas, elementos que originan estrés durante la gestación	higiene adecuada de la jaula; reducir al mínimo los factores que originan el estrés durante la gestación	de leve a muy grave	en caso de aborto en fase avanzada: intervención quirúrgica; antibióticos; pág. 116

Síntoma	Enfermedad	Causa	Prevención	Gravedad	Tratamiento/pág.
se lame la región inguinal y abdominal; mamas enrojecidas, inflamadas y doloridas; la madre no soporta a los cachorros	mastitis	infecciones bacterianas de las mamas durante la lactancia	higiene adecuada de la jaula	de leve a importante	administración de antibióticos y, si es necesario, intervención quirúrgica; pág. 117
se lame el pene o la región inguinal	infección del pene	depósito de detritus o pelos, infecciones bacterianas	revisión veterinaria después del apareamiento	leve	limpieza del pene, retirada de pelos si es necesario; pág. 118
cojera, movimiento anormal al andar, parálisis de las extremidades posteriores	fracturas	traumatismos, por autolesión o por caída	evitar cualquier situación que conlleve riesgo de golpes en la jaula; manejar el animal con seguridad, atención y delicadeza	de severa a muy grave, según la lesión	administración de fármacos; posible intervención quirúrgica; algunas lesiones no son curables; pág. 118
depresión grave, respiración agitada, salivación abundante	golpe de calor	exceso de calor en caso de exposición al sol o durante el transporte en automóvil	evitar la exposición al sol y el transporte durante las horas de más calor; humedecer periódicamente el manto	muy grave	colocar la chinchilla en lugar fresco, mojarle el manto, administrarle fármacos *antishock*; pág. 119

Índice analítico

Lirón, 12
Macho, 33, 35, 87, 88, 91, 93, 94, 97, 100, 103, 118
Maíz, 78
Mamas, 26, 90, 98, 117, 118, 124
Mamíferos, 11, 12, 19-22
Mano, 24, 48, 67, 68, 99, 121
Manto, 14-18, 23-25, 30, 34, 44, 59, 68, 71, 73, 74, 88, 97, 103, 107, 114, 115, 119, 123, 124
— cuidado, 71, 74
Manzana, 84, 86, 104
Marmota, 12
Masetero, 12
Masticación, 103, 106, 107, 109
Mastitis, 118, 124
Micosis, 102, 114-116
Miomorfos, 12, 87
Mucosidad (presencia de), 37, 105, 108, 113, 117, 122, 123
Nariz, 18, 37, 103, 105, 106, 113
Niños, 70
Nueces, 78
Ojos, 90, 103
Orejas, 98, 103-105, 120
Orina, 30, 44, 47, 54, 56, 62, 64, 72
Pájaros, 71
Paleoceno, 11
Pan, 78, 110
Parto, 56, 90, 93-97, 99, 103, 104
— nido, 114
Paseos (véase *Salida de la jaula*), 30, 65, 66
Pelo, 13, 17, 18, 24, 37, 47, 60, 68, 74, 98, 99, 105, 107, 108, 114, 115, 118, 124
Pene, 21, 87-89, 94, 118, 124
Peras, 78
Perro, 29, 63, 85, 102
— de las praderas, 44
Perú, 12, 13
Peso, 19, 23, 45, 65, 82, 105
Piel, 9, 12, 17, 18, 23, 41, 46, 47, 60, 63, 66, 71, 73, 74, 96, 107, 113-116
Pienso, 54, 78, 82, 85, 104
Placenta, 97
Prepucio, 89, 94

Puerco espín, 12
Pulmonía, 74, 114, 122
Pupila, 25
Queso, 79, 82
Radiografía, 96
Rata, 12
Ratón, 12
— canguro, 12
Rehidratantes, 112, 123
Reproducción, 14, 34, 87, 89-91, 100, 103
Respiración, 37, 106, 113, 119, 120, 122-124
Rinitis, 106, 113, 114, 122
Roedores, 9, 11, 12, 19, 20, 22, 25-27, 30, 33, 34, 42, 44, 46, 47, 55-59, 62, 63, 71, 72, 76, 77, 85, 87, 89-91, 102, 103, 109-111, 115, 116, 118-120
Sales minerales, 59, 62, 78, 111, 112
Salida de la jaula, 30
Salivación excesiva, 109, 120
— abundante, 122, 124
Sarna, 115, 123
Serpiente, 25
Setas, 80
Sexo (determinación del), 34, 87
Síntoma, 35, 85, 101-103, 106, 117, 118
Sustrato, 46, 47, 62, 72, 108
Talco, 73
Temperatura, 12, 60, 75, 78, 86, 111-113, 120, 122
Testículos, 87-89
Tienda (elección de la), 34
Transporte, 39, 40, 42, 44, 75, 120, 124
Traumatismo, 110, 119
Trigo, 78
Uñas, 19, 24
Vacunación, 101
Vagina, 92-94, 97, 117, 123
Vegetales, verdura, 32, 123
Virutas, 46, 72
Vitaminas, 22, 78, 86
— complejo vitamínico, 100, 112
Vivacidad (pérdida de la), 103
Vulva, 87, 93, 97
Zanahorias, 78, 79